失
(8EB8)
落
(978E)
日
(93FA)
本
(967B)

湯 禎 兆
(9392) (92F5) (929B)

飲食大義

動漫剖解

失　落　日　本

(8EB8)　(978E)　(93FA)　(967B)

致我們終將失落的日本

陳國偉（國立中興大學台灣文學與跨國文化研究所副教授）

一直以來，湯禎兆在中文書寫世界的日本文化觀察者中，可以說總是位處於最前沿的位置。一如他過去曾用的「文化病理學」概念，他不僅敏銳地觀察到最新的現象，更難能可貴地是，他像是外科手術醫生般，可以一刀刀地深入日本社會病體的內在肌理，挖掘出深層的病灶，更能剖析其內在的病史，給予具歷史意義的脈絡性觀照。

也因此，他總是可以領著我們看日本各式各樣的風景，從最日常的居酒屋與餐桌一隅，到職場霸凌與老人霸凌，甚至是對一般人而言最瞠目結舌的不倫與無「性」化問題。湯禎兆總是能透過流行文化（次文化）、社會問題、生活日常等幾個軸線，架構出觀察日本當代現實既獨特卻又最全面的視角。

我曾在為他二〇一四年於香港出版的《亂世張瞳》所撰寫的推薦序〈湯禎兆的日本文化病理學〉中，有過這麼一段描述：湯禎兆所建構的是一個「橫跨文學、電影、社會學、文化工業、運動的全景式檔案學」，這正是法國思想家傅柯（Michel Foucault）認為最理想的圖書館式的知識景觀。而如今在《失落日本》中，這份全景式檔案學的名單，還可以加入戲劇、飲食與企業文化。

然而，除了犀利依舊的筆觸外，此次的《失落日本》中，我卻也同時感到了某種難以言喻的情感，那彷彿是目送一個時代離去的悵然。在本書的最後，湯禎兆特別以〈失落共同體〉為「後記」命名，描繪了日本目前的政治處境，也間接概括了我們所面臨的當代現實處境，只求不會更壞，一種終極的共同失落。

的確，從二〇一六到二〇一七年，隨著天皇退位與SMAP的（被？）解散，對台灣五、六年級（六〇、七〇後）世代而言最親近，也在文化生產上最為輝煌的「平成年代」，也象徵性地結束。

我們這一輩曾經頂著「哈日」這頂國族帽子的、在平成年代啟蒙的「知日青年」（如今也已是中年了），若以今日的分類，更應被歸入「日劇宅」、「J-POP宅」、「宝塚宅」、「動漫宅」、「遊戲宅」、「戰國宅」、「推理宅」……，他們的專業是一般人難以想像的。只是從早年的bbs、新聞台的群聚，現在散落潛伏在部落格、Facebook的各種網路縫隙間，只有在某些活動場合，某些網路上的日本文化討論時，我們才會驚覺到：原來你也在這裡。

而在許多次的互動經驗中，我都深刻地體會到，原本彼此也同樣是湯禎兆所言的「失落共同體」，無論是嚴苛地認為這些流行文化生產的創新性匱乏，或是如同在《正宗哥吉拉》、《謝謝你，在世界的角落找到我》中所強烈感受的那樣，對於日本戰後七十年的反省仍然深感不足，但無論如何對於我們來說，我們所同步的這個平成年代，終究是遺憾地終結了。

也因此在《失落日本》中，我無意間一直留意到湯禎兆某些抒情的筆觸，並啟發我對相關問題新的想像。像是他在〈J-POP的企業文化批判〉中，一反大眾對J-POP彷彿只有情歌而沒有社會思考的立場，娓娓道來J-POP與時代對話的軌跡，從尾崎豐懺情與殤情的〈畢業〉、〈十五之夜〉等曲對校園體制的反動，一路談到BUMP OF CHICKEN式的弱者反擊。但他在文中特別舉了SMAP的〈加油吧〉，也讓我也聯想到隨著他們解散逆勢躍升日本史上第三暢銷的單曲〈世界上唯一的花〉，其中那句「無法成為No.1也好，原本就是特別的Only One」，何嘗不是對於日本那種既強調群體的一致性、卻又同時追逐第一的矛盾社會（既歧視差異少數又蔑視弱者），最有力的批判，但同時又是最溫柔的支持。

而面對著日本當代最棘手的血緣、親緣、地緣全面破壞的「無緣社會」問題，他不再只是將其當成「病徵」，而是尋找重新「繫連」的可能。從書中最開始日劇《月薪嬌妻》、《偽裝夫婦》、《〇〇妻》中關於「偽裝結婚」、「契約結婚」的問題，到黑澤清拍攝《贖罪》中的「擬家族」顯影，然後再到〈下流老人和幸福老人〉與〈日本老人難唸的經〉等文中關於當前日本高齡社會中最嚴峻的老人問題，湯禎兆透過現有的日本相關論述，為香港及台灣這些即將面臨相關問題的社會，提供先行的觀察與討論，提供新的社群關係範例或家族關係想像可能。

然而當他話鋒一轉，回到動漫的領域時，我們卻又能在他分析《你的名字》中「繩結」的視覺隱喻，新海誠與「世界系」的關係，以及電影在對日本社會所造成的新一波「結緣」影響時，也看到延續以上問題的變奏與回應，並提出這樣的結論：

「由阪神大地震，到地下鐵沙林毒氣事件，乃至三一一東日本海嘯等，每一次均令日本人充分感受到人類的渺小無奈，也因此珍惜現在的現實性及修訂歷史的想像性，成為今時今日最能夠觸動人心的主旋律母題所在。」——〈新海誠的「世界系」及「美少女遊戲」命脈〉

而我認為，此時此刻湯禎兆這般抒情的語調，正是代表著我們這個知日世代，在長期的批判與反省之後，對於即將終結的平成年代，這個已然失落的日本，某種無奈但也僅能給予的最後慰藉與祝福。

失落日本失落了什麼？

劉定綱（流行文化與次文化研究者）

《失落日本》是奇異果文創與湯禎兆老師合作的第三本書（前兩本分別是《悶騷日本》與《殘酷日本》）。套用日本評論家宇野常寬的概念，每回出書，我們都像是重新經歷了一次，疏理日本流行文化與社會集體意識的「想像力結構」之工作。

詮釋流行文化並不容易，除了文本本身的資訊量很大之外，各種對文本進行詮釋的說法，其實資訊量也很大。吸收消化各種作品，博覽各家詮釋之言，再提出自己的觀點，能夠同時完成這三件事，並且轉譯成一般大眾可以理解的文字，禎兆老師完全是箇中高手。

對我而言，禎兆老師更厲害的地方，在於他會緊抓一種社會中無可名狀的情緒，以此情緒為主旋律帶出流行文化作品與社會變化的二重奏。《悶騷日本》那個情緒是一股對於崩壞社會的企求改變之火。《殘酷日本》則鎖定三一一大地震之後，日夜日本的殘酷對比。那麼，《失落日本》中的失落又是哪種失落？

一般來說，理想與期待成空會失落，但失落可能延伸出兩種反應。其一我們從理想的正面走向理想的反面，例如從社群主義走向個人主義，從左派走向右派。找到本來令人失落的理想的對立面，用相同的態度擁抱它，這是第一種失落反應。

但我認為，禎兆老師所描繪的「失落日本」，或許所指涉的不是這種失落（反應），而是失落之後面向現實——不再相信宣傳口號，不再相信太容易營造的二元對立，我們務實地面對問題，用手中可拿的工具修補世界。就像已故法國人類學家李維史托所說的「拼裝修補術」（bricolage），在動手做的同時我們也說故事。所以我們一邊修補婚姻（制度）一邊說著《月薪嬌妻》。一邊反省教育改革，一邊思考《寬鬆世代又怎樣？》。面對新的世界與日美局勢，一邊重新講述核災神話的矛盾象徵－哥吉拉。

當我們開始動手做，或許我們會知道，世界或許更接近各種正反並呈的矛盾共同體，就像故事一樣，也就像人性一樣。

純米大吟醸
WAKATAKE
DAIGINJO
ONIKOROSHI SAKE
SAKE
純米大吟醸
翔雲
超特撰
白鶴酒造謹製
SHO-UNE
Junmai Dai Ginjo
日本酒
賀茂鶴
大吟醸
特製ゴールド賀茂鶴

戲
(9D45)
劇
(8C80)
人
(906C)
生
(90B6)

《月薪嬌妻》的假婚現象

日本人對假婚頗為迷戀，反映於流行文化的影視作品，可說是樂而不疲加以反覆探討，尤其在近年可謂更加有山雨欲來之勢，無論電影及電視劇都有不同程度以此主題的迴響，或許我們也可以借此檢視一下彼邦的假婚風貌。

婚姻體系內的虛飾

首先可從婚姻體系內的不同虛假部分出發，岩井俊二的最新作《被遺忘的新娘》正好涉及此話題。女主角皆川七海（黑木華）因為父母離異，擔心在婚禮上沒有親友出席，會令夫家感到尷尬，也可能會惹起疑竇，於是委託「萬事屋」的安室行舛（綾野剛）策劃一場假婚宴，意思是當中女方的賓客，全部都是「臨時演員」，均由陌生人經過劇本綵排後，扮成新娘人生各階段的親友，讓婚宴場面不失禮數。雖然七海因此安然度過了婚禮，但後來她的婚姻仍以離異收場，暗地裡流露的虛假裝扮，到最後始終難以修成正果。

另一個例子是由遊川和彥編劇的《偽裝夫婦》（二〇一五），是以「偽裝結婚」為主題的一齣日劇。所謂「偽裝結婚」，是指沒有結婚實態的結婚舉動，整體上沒有截然明晰的定義，因為背後的因由可以千差萬別，不過嚴格來說是一種罪行，因為提出婚姻登記書的時候，其實已犯了文書偽造的罪行。而根據日本刑法中，一旦證明犯了公證書不實記載罪的話，婚姻關係就可判為無效。而普遍來說，較多選擇「偽裝結婚」的族群就是同性戀人士，基於家庭及社會上各方的壓力，如果當事人不選擇出櫃，希望可以在既有制度及人際網絡下「偽裝」下去生活，於是「偽裝結婚」（又或稱為「友情婚」）便乘時出現，而《偽裝夫婦》探討的正是此現象。

故事中嘉門（天海祐希）父母雙亡，自幼被阿姨收養，一直被人嫌棄，在大學期間的男友陽村（澤村一樹）又忽然離她而去，令她認定自己一定只能終老一生，不能再與任何人交心。可是在工作期間，她在圖書館再度遇到陽村，當時他已經成為幼稚園的園長代理，更出人意表的是在重逢不久後，陽村便向她提出「偽裝結婚」的要求，原因是母親年事已高且患了癌症，基於自己的男同志身份，唯有希望循此途徑來作最終的盡孝。當然以上只是「偽裝結婚」的切入點，《偽裝夫婦》嘗試處理的內容複雜得多，尤其是怎樣才是可信賴的伴侶關係，性又是否為必須的元素，以及誰可界定「偽裝」的真正含義等等，凡此種種都令作品變得趣味盎然。

「事實婚」的演繹

以上提及的都是在既有婚姻制度內的游走變奏，但日本社會中其實還有多一種選擇——就是「事實婚」的制度。所謂「事實婚」就是指有名無實的婚姻，即是沒有去做婚姻登記，但本質上和夫婦無異的婚姻關係。有時候會稱為「內緣」，但「內緣」通常是因為一些不能改變的因素，令雙方無法登記成合法夫婦，但「事實婚」指向的是一種自由意志的體現，即基於雙方的決定，認為以這種形式成為夫婦，更符合彼此對婚姻的期望及設想。「事實婚」在離婚時，同樣可以要求贍養費，手續上為在申請「住民票」（居住關係的證明）時，一方寫成為「世帶主」（一家之主），另一方填上「未届」（未提出婚姻登記）便可以。「事實婚」在日本的語境中，很多時候與「契約婚姻」接合，就是指這種不提出結婚登記的婚姻形式，背後牽涉男女雙方自行訂定的契約關係，當然內容由彼此草擬後達成共識而恪守維持。

其實遊川和彥早在二〇一五年一月的《〇〇妻》中，已透過刻劃「契約婚姻」來描述「事實婚」的風貌。正純（東山紀之）是電視台炙手可熱的新聞節目主播，而光（柴咲幸）就是他的妻子，兩人都是他人眼中的理想模範夫婦，屬神仙愛侶的級別。有趣的是，原來他們背後一直是以「契約婚姻」來維持關係，每三年更新一次契約，就這樣便過了六年。更為甚者，是堅持契約關係的是女方，光認定這才是維持兩人感情的最佳形式，這樣才可以令她全心全意別無雜念地去為正純付出一切。但後來因為正純想與光變成正式的夫婦，而光又堅拒，於是出現了不少爭執，甚至由此而衍生出不少的關係變奏，例如光默許正純可以有外遇等。這當然是一個大膽的構思，可惜大抵是編劇也憂慮觀眾的接受程度，於是加上了光有曾經不小心照顧自己小孩而喪命的前科設定，因此令「契約婚姻」的探討添加了雜質，讓主題的純粹度打了折扣。

不過二〇一六年正在播放的《月薪嬌妻》，便可說是完全聚焦來審視「事實婚」的內涵。實栗（新垣結衣）因求職不順，在協助父親好友平匡（星野源）為幫傭時，發現幫傭的工作也頗適合自己。而平匡又是典型的草食宅男，只想平穩安排一切的生活所需，過著寧靜自我的生活。湊巧遇上實栗的父母打算遷離東京定居，於是在兩人的協議下，便提出「作為工作的結婚」的模式，草擬出「契約婚姻」的內容，由實栗住進平匡家，負責照顧打理家居飲食的一切幫傭工作，開始了兩人的「事實婚」生活。電視劇為了追求實感，連實栗提出「住民票」時，填上「未屆」的細節都有拍攝下來，儼然就是一段簡介說明「事實婚」的影像。

《月薪嬌妻》是我近來相當喜歡的戲劇，表面上雖是愛情輕喜劇，但又舉重若輕地切入了一些同居相處的問題——兩人協議可以同居一室，不過真的事事都能以工作契約的角度處理嗎？事實上，同居一室本來就肯定有私密空間的混同，但以工作建構的契約關係，可以完全沒有衝突嗎？《月薪嬌妻》延伸了很多在此範疇下的新視角，例如既然是「契約婚姻」，「分享」的觀念行得通嗎？（平匡的上司發現他倆的關係，於是要求與平匡「分享」實栗，邀請她每周抽空去他家幫傭）又或是兩人如果在相處後互生情愫，又該如何處理等等。岔開一提，《月薪嬌妻》的編劇是野上亞紀子，個人認為她是近年日劇編劇界，除了宮藤官九郎以外的另一顆超新星，她連載的三作《掟上今日子的備忘錄》（二〇一五）、《重版出來》（二〇一六）及《月薪嬌妻》，均保持著高水平，絕對值得觀眾牢記她的名字。

好了，到頭來其實一切大抵不過回到《深夜食堂》的局部變奏。我的意思是《深夜食堂》之所以可以成為長壽影視系列，最重要的關鍵就是大家身處的都會世界，正好可以如此或如彼的無盡人際關係可能。假婚不過是表現的形式而已，背後每一份契約，又是人情網路萬花筒中的新穎風景。

《直美與加奈子》對家暴的無奈申訴

在千禧年後，家暴一直都是日本重要的社會問題，而且有愈演愈烈之勢，與此同時日劇也不斷把家暴主題融入劇情中，透過流行文化以曲線的方法，去表達社會輿論對這方面的看法及不滿。

家暴的嚴重性

或許先從正名的角度，了解一下日本的家暴語境。日語的說法是「家庭內暴力」，但媒體上的用法大多以ＤＶ稱之，即 Domestic Violence 的簡稱。從字面上而言，好像兩者所指相同，但前者指涉的鎖定在家庭內，即與 Family Violence 的同質性較高。而ＤＶ則可包含ＩＰＶ（Intimate Partner Violence）之義，即除了家庭成員內的牽涉的暴力問題外，還可以是同居中的密友，而且形式及對象也較為多樣化，例如形式上可以是經濟暴力（如禁止伴侶外出工作）、社會隔離（如限制家人外出）、以及其他更一般化的性、身體及心理虐待；而對象除了伴侶外也可以針對老人及小孩，可說林林總總不一而足。

從嚴重性而言，日本網站上列舉的數字，從〇二至〇九年一直在攀升，每年由一萬四千暴升一倍至二萬八千件。而〇六年的數據顯示，在被害人與加害人的關係中，有72．8％為婚姻關係，另外提出諮詢請求的受害人當中，有98．8％為女性。亦有人指出，以上數字不過屬冰山一角，因為一般而言，一旦DV的受害人為男性，大部分會選擇緘默，因為傳統社會上對男性的定型角色均不認為是弱者。據〇九年橫濱市的市內調查資料，發現有43％的男性反應曾有受害經驗，可從而推斷真正的情況在官方數字中應該有極大落差。

而日本社會也早已因家暴問題，演化為大眾注目的聳人聽聞案件。一九九六年便曾發生北方町獵槍殺人逃走事件，犯人窮追因為家暴問題而離家出走的妻子，最終在妻子棲身的友人家中，用獵槍把介入調停的友人槍殺，逃亡後最終被逮捕歸案。另外，二〇〇一年還有另一宗和家暴有關的嚴重案件——伊勢崎市同居女性餓死事件。犯人是無業遊民，但先後曾兩度結婚，而一共有四名女性與他同居交往，她們全部都是DV的受害者，其中一人最終更因生存環境惡劣，而被活活餓死，由此可見家暴的恐怖可怕一面。

事實上，日本媒體早就以把針對不同形式的DV事件作廣泛報導，而且也慣以「DV

男」及「ＤＶ夫」來稱呼有暴力傾向的家暴男子，連藝能界也不例外，著名演員真木藏人就因為被女伴報警投訴，事件曝光後也直接使他的星途大受影響。可是現實上，ＤＶ問題仍趨激化，有人指出因為女性擔心家暴曝光後，自己沒有獨立的經濟生活能力，所以傾向隱忍苟活；另外也因為政府提供的家暴保護設施，保密程度備受質疑，讓受害人求助的門路也大受限制，使局面不斷惡化下去。

由《偵探中的偵探》到《直美與加奈子》

二〇一五年七月至九月富士電視台「木10劇」（星期四晚上十時播放）《偵探中的偵探》，正好以處理遭受家暴的主婦為一重要線索。紗崎玲奈（北川景子飾演）是名因妹妹慘遭跟蹤狂殺害，於是憤而自行受訓成為偵探的女子。因為妹妹的行蹤是被名為「死神」的偵探洩露給跟蹤狂，於是她決意成為「反偵探科」的一員，專門針對偵探的惡行調查及加以對抗，從而希望找出「死神」為妹妹復仇。其中一個片段，就是針對「死神」為ＤＶ夫提供協助，透露本來在庇護中心的ＤＶ受害人行蹤，讓ＤＶ夫獲釋後對她們的安危再次受到威脅。劇本的構成設定上，已充分流露出對ＤＶ受害人的庇護保密程度，出現嚴重的不信任，更令人動輒懷疑由上而下對家暴問題的正視決心。

不過成為全國話題焦點的，就不得不提剛播完的《直美與加奈子》（二〇一六）。直美（廣末涼子）因發現好友加奈子（內田有紀）一直被丈夫家暴，在受到工作上的客戶李社長（高田淳子）的鼓動下，於是毅然向加奈子提議合力進行殺夫計劃。

在家暴的問題上，此劇的立場十分明晰。加奈子不只一次向直美表明面對家暴的無力狀況——不可能離家出走，否則老家必定會受到滋擾，而且也不可能隱瞞行蹤，最終一定會被DV夫尋回；自己也沒有獨立經濟的生活能力；一旦曝光，只會更孤立無援，甚至禍延他人。加奈子的自白，基本上已把日本社會中作為DV受害人的主婦心聲，加以歸納整理剖陳吐出。所以當李社長說出劇中的經典對白後：「那種男人沒有活著的價值！對女人施加暴力的男人，都殺掉吧！」直美也立即恍然大悟，知道了和加奈子應該選擇的出路。

有趣的是，兩人的殺人藏屍計劃，最終也因為破綻重重，被DV夫的姐姐（吉田羊）偵破，就在兩人被捕前的瞬間，日劇安排了一個開放式結局（奧田英朗的原著小說也是以開放結局作結）——兩人過了日本海關的安檢，朝前往上海的航機前進，而追捕的警察亦已趕到機場，劇集就於此結束。在犯罪主題的流行文本上，不少作品即使在剖析犯罪者背後的原由之餘，也不敢逾越惡有惡報罪有應得的潛規則底線，例如角田光代的《紙之月》（二〇一四），主角梅澤梨花即使逃亡至東南亞，最終亦被當地的執法人員發現而繩之於法。但《直美與加奈子》則以開放結局告終，而且最終回後更牽起廣泛的社會討論，當中不少女性均表示希望兩人可以成功逃脫，不用因殺夫而受到制裁。背後也曲折地反映出日本女性對深受DV問題困擾下的無奈申訴，可以看出日本社會DV困惑的無遠弗屆程度。

從《房仲女王》看職權騷擾

在過去數年中，日本職場最流行的關鍵詞，大概應首推「職權騷擾」（Power Harrassment）。Power Harrassment是一個和製英語，是二〇〇一年由東京一所名為cuorec3的顧問公司，由代表董事的岡田康子及其團隊建構出來的新詞（パワーハラスメント），後來通常簡稱為「パワハラ」。以前日本職場的歧視現象，主要集中在性騷擾上，但踏入〇〇年代後，社會上開始對職場中透過職權衍生出來的滋擾情況日趨敏感，因此而出現此名詞。二〇〇一年十二月開始，透過定期向一般的僱員進行面談及不同形式的了解來搜集資料，到二〇〇三年正式提出「職權騷擾」的定義：「乃針對在職場內透過職權等權力之背景，超越了本來業務的適當範圍，從而向勞動者作出持續的人格及尊嚴上的侵害，令勞動者的工作環境不斷惡化，又或是給了一種不安的工作環境予受害人。」

「職權騷擾」現狀

厚生勞動省在二〇一二年曾列出一系列「職權騷擾」的典型例子，如針對身體上作出攻擊傷害，又或是精神上施以損毀名譽乃至侮辱等侵害。另外，方法上可以是把受害人隔離，斷絕他在職場上的人際關係，例如把受害人安排在封閉環境工作，又或是以無視態度處置。又如在工作上把大量不需要或是不可能完成的任務給受害人，以增添他的身心壓力。當然，更直接的就是以降職或是辭退等直接損害利益的手段來加以威嚇。從實際施行層面而言，還可以有大量的陰暗地帶，如推卸責任、否定至今的溝通、甚至是加害人反裝成為受害人等，可以說難以一一盡錄。由松嶋菜菜子主演的二〇一六年夏季日劇《營業部長 吉良奈津子》（富士）中，她因為接聽電話導致沒有聆聽臨時派遣員工的自我介紹，以及在女下屬面前侃侃而談自己育女難唸的經，都被他人提醒可能已經觸犯了職權騷擾，可見今時今日早已進入草木皆兵人心惶惶的地步。

「職權騷擾」無論從刑事或是民事都有可能觸犯日本法律，從而導致不同形式的處分以及賠償的懲罰。近年「職權騷擾」案例的數字不斷狂飆，而且涵蓋了不同工種的職場範疇。以二〇一五年為例，大阪府教育委員會的教育長便因為針對與己見不同的屬下，透過調職及解僱等方式施行「職權騷擾」，結果被調查報告揭發，最終在三月十一日被迫辭任教育長一職。另外，防衛省陸上幕僚監部的四十四歲班長，也因為在二〇一四年三月至二〇一五年六月期間，長期對部下施以語言暴力（「蠢蛋」及「視障」等），同時又會以軍靴攻擊，結果被處以短期停職的處分。又如二〇一五年七月十六日，滋賀縣的警部及警部補被揭露，因為長時間迫令手下辭職，同時又毆打對方臉部，以及用打火機近置於手下身體等等，最終被處以減薪處分。僅舉出一些近期發生的例子，好讓讀者明白到「職權騷擾」的氾濫情況。

《職場新女王》及《房仲女王》

一向以回應社會現況迅速見稱的日劇，當然也不會甘為人後，火速把「職權騷擾」的話題置於劇情中。由新一代年輕女星武井咲出任女主角的《職場新女王》（二〇一五），正是擺明以「職權騷擾」為主題的日劇，當中不少角色的設定均是典型的「職權騷擾」人物，如總務部次長淺野誠開口閉口都在出言傷人，而部長高山徹太郎心裡有著完全信奉男尊女卑等傳統定型觀念，可是又怕惹上「騷擾」投訴，於是步步為營的尷尬角色。而第三集更以纖維一課課長山川狀太郎，來具體呈現「職權騷擾」的嚴重性。他長期欺凌於總務部工作的學弟平本大輔，強迫他把自己的私人消費以公費報銷，也迫使部下在下班後要陪他應酬，而且更要下屬付賬。到最後平本大輔在由武井咲主演的女主角吉井英美里的鼓勵下，向公司告密揭發山川的惡行惡狀，結果亦以山川被解僱收場。

以上當然是政治正確的處理，但有趣的是其實日本社會同時存在對立的聲音。所指的是「職權騷擾」當然侵犯人權，但百分之百的阻止上級以強硬手段去訓練及催化員工成長，只會令大量企業寄生蟲產生，讓管理層陷入兩難局面。在二〇一六年夏季劇啟播便立即取得最高收視率的《房仲女王》（二〇一六），正好提出對立的論調。由北川景子飾演的房產經紀女王三軒家萬智，是做事一絲不苟的業界天后，她的名言是沒有自己賣不出的房子。第一集當她調職至新分店時，立即強迫數年來從沒有賣出房子的經紀白洲美加，以人肉招牌的方式把地產廣告牌掛在身上，再命令她到新宿車站招攬客人。此舉令分店課長屋代大感震驚，也擔心會惹上麻煩，於是立即派人去接美加回來。豈料萬智知道後，更進一步把美加用膠帶封在椅子上，迫使她要打電話給所有客戶完成推銷，然後以不找到人看房子不可回家作威脅，甚至把美加鎖起來。以上種種當然是嚴重的侵權行為，但課長也不忘嘆息，人肉廣告牌的招攬手段，本來就是自己以往入行時的必經學習過程，但現在一切變成違法，連自己也難以掌握可行及不可行之間的分寸。當然，《房仲女王》中的漫畫化設計，背後的目的不難看透，就是在政治正確的法例背後，其實當中的所得及所失，是否又可以三言兩語輕易交代。

《寬鬆世代又怎樣？》的深層探討

我個人認為宮藤官九郎的《寬鬆世代又怎樣？》，肯定是二〇一六年的日劇代表作，作品有太多角度可以切入分析，但針對「職權騷擾」部分，其有著遠遠超過同類型作品的層次。作為食品公司營業員的坂間，因為下屬山岸出錯，於是在客戶面前大聲斥責，結果一度以為後者因此自殺而內咎不已。後來證實沒有自殺後，反過來由山岸帶著律師向公司及坂間追究，以「職權騷擾」的罪名提出賠償及嚴正道歉的要求，結果委曲就犯作罷。

《寬鬆世代又怎樣？》讓人深刻的地方，就是在「職權騷擾」情節中，「加害人」及「受害人」同屬寬鬆世代的人物，簡言之就是在社會上被認定是吃不得苦，做事馬馬虎虎的代表，而且更不懂得與人溝通，是社會上的世代垃圾。可是在劇中，坂間第一次認真發火，希望好好盡自己責任，去監管下屬的工作，便惹來如此令人意外的下場。由不懂得與人溝通乃至不可能發火的上司，去使出上世代的嚴斥法對待同世代下屬，結果被「寬鬆怪獸」反噬一口。僅是以上的設定，已經讓人看到眉飛色舞、拍案叫絕。背後也當然深刻地把日本社會對「職權騷擾」的誤判作出嚴肅的諷刺批評——媒體一直把「職權騷擾」解讀成世代之爭，認為是上一代的管治文化早已過時，且不少有侵犯人權的爭議，於是需要大加批判。可是宮藤官九郎提醒大家，其實一切也是人性的問題，只要遊戲規則改變，人便會隨之變臉去為自己爭取最大利益。

到頭來，人性的狡詐才是最深層次的內在矛盾。

「寬鬆世代」的苦惱

日本流行文化的生命力頑強，其中一個主因是他們一向勇於直視現實，往往以結合了娛樂元素的形式，從而去呈現及探究人所關心的社會嚴肅話題。最近的一個出色例子，就是宮藤官九郎的日劇《寬鬆世代又怎樣？》。

寬鬆世代的背景

「寬鬆世代」是一世代論的名詞，所指的出生日期就是一九八七年後的一群，更具體的應指涉一九八七年四月二日之後出生的孩子。用中國的世代分類就應該包含「八〇後」及「九〇後」兩層，而從美國的分類來看則應屬「Y世代」及「Z世代」，又或是名之為「新沉默世代」（The New Silent Generation），甚至可以涵蓋面較寬廣的「千禧世代」（Millennial Generation）統涉之。

「寬鬆世代」是指接受日本於二〇〇二年開始推行「寬鬆教育」學習指導方針後受影響的一群，日本媒體部分會更仔細地辨識由一九八七年四月二日至一九八八年四月一日出生的為「寬鬆第一世代」，而其後出生的則統稱為「寬鬆世代」。由此可見，此世代的建立首先在於所接受的教育理念與前人截然不同所致。日本於九〇年代出現嚴重的教育崩壞情況，援助交際、校園暴力、逃學常規化以及學生欺凌等問題日趨普遍，由衷而言已進入失控的狀況，中央教育審議會於九〇年代中期便積極開始於教育制度以及課程規劃的層面，打算作大刀闊斧的改革。而「寬鬆教育」正是於二〇〇二年公佈由上而下的重大教育變革，簡言之就是一改日本過去強調灌輸知識型的填鴨式教育方針，易作重視體驗實踐型的教育路向，具體方法是削減課時及科目內容（所有學校改行一周五天上學制），務求建立具備「寬鬆」的學校教育風氣云云。

「寬鬆第一世代」生於泡沫經濟高峰期，但迅即面對九〇年代的平成不景氣，而成長期早已習慣了情報化社會的生活模式。幼童期還可能受惠於泡沫的餘韻，但中學生涯應該已充分感受到經濟下滑的實際影響，所以一百元平價店以及 UNIQLO 等品牌，早已成為生活上不可或缺的消費憑依。當中半數人均可以考進大學或是短大，畢業時大約為二〇一〇年，但甫出社會就遇上就職冰河期的再來，所以同時亦有人稱此世代為「新就職冰河期世代」（日本的「就職冰河期」自一九九〇年一月開始，當年股票及房地產價格暴跌，正式呈現泡沫崩壞的亂象。因此從世代論的角度而言，「寬鬆世代」的上一世代正是「冰河期世代」，指由一九七〇至一九八六年出生的一代，他們成長後正好要遇上「就職冰河期」的嚴重挑戰）。二〇一〇年的有效求人倍率是0・52，是日本史上最低的數字（一九九八年就職冰河期的高峰期為0・53），即市場上招募人數為求職人員的一半左右，惡劣情況可想而知。而其後的「寬鬆世代」面對的情況也不見得有多大好轉，所以媒體續以「超就職冰河期」來命名眼前狀況。

總括而言，「寬鬆世代」成長於情報化社會的環境，自幼已孕育於呼叫器及手機的氛圍下，就學期遇上手機普及風潮，隨著網路爆發的趨勢，mixi、twitter和Facebook等社交工具也成為生活的重要元素，對通訊網路的依賴可謂已至沉溺的程度。而與此同時，因為經歷泡沫破滅後長期的經濟低迷，所以深受節約志向的價值觀影響，與戰後經濟成長期出生的「泡沫世代」（一九六五年至一九六九年出生）相較，所追求的也屬於較為堅實的人生路線，傾向安定取向，女性甚至有強烈的全職主婦欲望。另外，由於目睹父母輩（「泡沫世代」）的消費失衡終局，於是對環保乃至循環再用等的環境議題也較為關注，一改過去日本人以品牌消費為時尚及人生目標的取向。

宮藤官九郎的亮點

上文提及《寬鬆世代又怎樣？》（二〇一六年四月十七日在日本電視台首播），正是全面且具體地以戲劇手法去處理上述世代的日劇作品。不過進入討論此劇前，大家必須先認識宮藤官九郎（日劇的傳統中，靈魂人物在編劇身上，所以會把作品分析納入編劇的系譜下，而非一般影視作品般以導演為中心）。

要說日本目前最炙手可熱的影視創作人，宮藤官九郎應是大熱之選。他最廣為人知的身份是編劇，而且游走於電視劇、電影及舞台劇等不同平台，同時又是演員及導演，才華洋溢且向四方展現。事實上，不少著名的日本暢銷小說都是由他改編為電視劇，如石田衣良的《池袋西口公園》（二〇〇〇）及東野圭吾的《流星之絆》（二〇〇八），不過他的原創劇更為公眾肯定，《木更津貓眼》（二〇〇二）、《我的老婆是男人》（二〇〇三）及《曼哈頓愛情故事》（二〇〇三）等曾為他帶來最佳編劇的榮譽。電影編劇方面，不少日本異色作都是出自他的手筆，如行定勳的《GO！大暴走》（二〇〇一）、曾利文彥的《乒乓》（二〇〇二）、李相日的《69》（二〇〇四）及水田伸生的《舞妓哈哈哈》（二〇〇七）等。個人執導的電影有《深夜裡的彌次先生及喜多先生》（二〇〇五）及《少年手指虎》（二〇〇九），舞台劇作品更不計其數。

二〇一三年更是宮藤在日本大爆發的年份，如果不趁機認識，將來就會陷入與時代流向脫節的困局了。上半年他編寫在 NHK 播放的晨間小說連續劇《小海女》大獲好評，每周平均收視率均保持在百分之二十以上，是近年來同檔連續劇的紀錄成績。此外，《小海女》也為拍攝地岩手縣的久慈市帶來龐大的經濟利益，媒體稱之為「海女經濟」；岩手縣的總體經濟收益達三十二億八千四百萬日圓，甚至超越鄰近地區的祭典效應。而二〇一三年也是他的電影豐收年，執導作《中學生圓山》備受注目，而為水田伸生撰寫的劇本《謝罪大王》亦同時上映，鋒頭可謂一時無兩。水田伸生也是宮藤官九郎一直合作無間的好夥伴，這次的《寬鬆世代又怎樣？》也是他倆人一起攜手下的育成產物。

《寬鬆世代又怎樣？》的世界

《寬鬆世代又怎樣？》描述幾位「寬鬆世代」下長大的年輕人的打拼故事，他們正好均處於二十九歲，分別已擁有一定程度的社會及人生經驗。當中幾位主角包括進入食品公司第七年的坂間（岡田將生飾）、同事兼戀人宮下（安藤櫻飾）、小學老師山路（松坂桃李飾）

及不斷重考東大的自修生道上（柳樂優彌飾），他們均設定為一九八七年出生，那正是標準「寬鬆世代」第一代的典型代表年份人物。宮藤官九郎聰明的是，把刻劃他們的人生片段，鎖定在各人進入社會的數年後，於是內容的深度及牽及的複雜層面便得以提升，令觀眾可以更具體了解「寬鬆世代」所面對可觸可感的困窘情況。

針對「寬鬆世代」而發，日本社會也出現不同的反響。部分人如後藤和智便以批判青年人作為著書立書的方向，大力推薦今天孩子無能論的看法。簡單而言，批評的聲音可分兩個層面，一是學力低下，主因當然是學習上減省了課時及授課內容而致；另一方面是溝通能力欠佳，於是被媒體塑造成為職場上的失敗者。而此也正是劇中坂間及山路於立食店把酒吐怨時的自嘲對白，他們直指在日本人眼中，「寬鬆世代」正是「次貨」，也是日本進行教育改革試驗下的失敗犧牲品。兩人談及一周五天的上學制，被人認為是他們學力不足的主因，也不禁抱怨那是教育部門的決定，非他們一代人的過錯，而且事實上大部分人均在省下來的上課天去了補習學校進修，所以其實沒有根本性的差異來。

不過「寬鬆世代」最為人詬病的，始終是溝通能力欠佳的問題。劇集中的娛樂元素，也大部分據此建構而成。山路其實也是新人老師，但就被指派去負責指導實習老師佐倉（吉岡里帆飾），當他善意向對方提點，立即令後者出現情緒失控情況，旁人更起鬨說他職權騷擾，弄得他不知所措。但旋即又因佐倉向他告白，而令他情不自禁墮入愛河，在人際關係的處理上可說進退失據。

坂間就更加明顯，他由母公司被調派到連鎖串燒店「鳥之民」當店長，不僅在應付上手忙腳亂，弄得一團糟，連與同社戀人宮下的關係也一塌糊塗。他也直言由小到大，從來沒有被人指罵的經歷（由教肯改革延伸出來對待下一代的社會風氣），於是出來工作後也不懂得如何去在有需要之際嚴辭面對周遭的人事關係。當他發現公司內的晚輩在下訂單時犯了大錯，於是嘗試突破自我，在公司內眾人面前，正面高聲斥責對方，並按傳統的日本商社倫理，帶同晚輩向受影響的便當店東主低頭道歉，正當所有人都以為一切會變好，可是晚輩卻在滿口感激之餘，其後便在公司消失，害得身邊人還以為他去自殺，後來他更進化成惡魔去控告坂間犯了「職權騷擾」的過錯。至於坂間及山路在街上被道上騙去夜場消費弄得難以收拾，可是後來意外地發現道上的流氓形象只是他的兼職工作，他其實是和兩人同齡的「寬鬆世代」，更重要的是原來他是為求考入東大，不惜重考上十次屢敗屢戰自修生！

理清劇集的來龍去脈背景，自然會明白為何觀眾可以從中有所共鳴，而且即使不是「寬鬆世代」的人，也樂意及有興趣希望透過此劇，來了解世代的苦惱困惑。

反治癒系大將遊川和彥的乖張世界

提起日劇，不少人都知道的事實——日劇的靈魂在編劇身上。所以大家可以留意到，不少日劇的導演是分割式的，即同一部劇會由不同導演執導，但編劇卻絕不會如此，因為日劇內容的神髓及要旨全在編劇的創意及心思上，這一點與電影的重心在導演身上可謂截然不同。而日劇編劇往往也成為備受人注目的明星，由以往一手打造月九時尚潮流劇的北川悦吏子，到已故的懸疑高手野澤尚，又或是專門挑戰人間禁忌的野島伸司，到目前炙手可熱的《小海女》編劇宮藤宮九郎等等，都是家喻戶曉的代表人物。今次想談的是另一位日本編劇大家遊川和彥，他的成就及世界觀的獨特性，和以上名家不相伯仲，而他的代表作更有不少都是由我們耳熟能詳的名作來的，如《麻辣教師GTO》（一九九八）、《魔女的條件》（一九九九）、《女王的教室》（二〇〇五）、《家政婦女王》（二〇〇一），即便到最近的新作《偽裝夫婦》（二〇一五）仍然充滿了生命力，令人看得興奮莫名。

遊川和彥的高峰

或許我們先了解一下遊川和彥的背景，一九五五年出生的他，於廣島大學政經學部畢業後，便上東京一心朝演藝事業的路途邁進。他曾嘗試過演員試鏡，也在電影學校短期修業，最後發現自己的才華在編劇身上。

一九九八年的《麻辣教師GTO》是他編劇生涯上的第一個爆破點，當年由反町隆史飾演的鬼塚老師，成為家喻戶曉的人物，劇集平均收視率達致28%的水平，而大結局更上升至35%的高位，令人刮目相看。後來二〇〇三年的《甘蔗田之歌》，為他帶來文化廳的藝術祭大獎。而二〇〇五年的《廣島昭和20年8月6日》，又為他摘下二〇〇六年日本民間放送聯盟獎劇集組的最優秀大獎。之後二〇〇五年的《女王的教室》便成為全日本熱切關注的焦點，因為劇情的敏感程度，開播第一集後便立即收到大量投訴，連電視台最初都曾表示會考慮停播，但再修正後為了貫徹監製及編劇開拓校園電視台世界的用心，還是全劇播畢。劇本更獲第二十四屆的向田邦子獎。

二〇一一年遊川和彥再迎來編劇生涯的另一高峰，他和老拍檔松嶋菜菜子再度合作，《家政婦女王》再度成為社會熱議焦點，最終回收視高達40%，是日本二十一世紀日劇史上的第二位，而播放時是歷史首位。而且當年也擦新了十一年來的日劇收視紀錄榜，依據這些原因，都可以見到他在日劇史上的重要性。而他的導演處女作《戀妻家宮本》也預計在二〇一七年於日本上映。

由女王到家政婦

藤田真文在《投石入水面——遊川和彥的戲劇世界》中，指出遊川和彥的日劇，表面上的內容好像是挑戰社會禁忌，但內裏均蘊藏更深厚的社會關懷。是的，就以名作《女王的教室》及《家政婦女王》為例，前者透過天海祐希飾演的冷酷高壓女教師阿久津真矢，以極端方式去管治一群六年級的小學生，當中既迫使成績差的同學負責打掃學校，又因小過錯不批准學生去上廁所而導致學生失禁，甚至利用學生的隱私去威脅他們妥協，這些顯然不是社會人間對老師角色的期待形象，被廣泛投訴也可說是理所當然。而《家政婦女王》也不遑多讓，松嶋菜菜子飾演的傭人三田燈，是一位完美的職人，所有家務都可以稱職盡責地完成，而且絕對服從主人的命令，甚至連犯罪的事，也面不改色地乾淨俐落去擺平。可是她就是由此至終都以徹底的冷漠形象示人，面對僱主阿須田家的男主人不倫，女主人自殺，以及了女不同程度的困擾，也堅持以事不關己的態度面對，把日本家庭的荒謬處境作出徹底的諷刺。

藤田真文認為遊川和彥設計的主人翁都有極端的特性，但有趣的是她們都是能力異常的超能者，阿久津真矢上任不久，立即把所有學生的資料背誦如流，而且也設立預防犯罪教室的練習，簡言之就是工作能力異常出色的優秀分子，三田燈也屬於同類人物。此外，主人翁均屬於不會與外界溝通、剖陳心事的人物，她們的異能反過來成為人際交往中的堅壁，製造出不可逾越的界線。

反治癒系大將

我認為這正是遊川和彥的有趣地方，主人翁建立的堅壁，正好屬一種深層的反治癒系魔法展示。大家都明白日本是治癒系的大國，在流行文化的不同範疇上，撫慰人心的治癒式設定可謂俯拾皆是，由廣告中GEORGIA咖啡的飯島直子系列，到動漫中的《夏目友人帳》，乃至日劇中的《深夜食堂》等，無一不把治癒系的精髓發揮得淋漓盡致。

對我而言，遊川和彥毫不認同治癒風氣，在他的劇本中處處強調每個人必須為自己負責，無論是小學生，又或是遭逢不幸的受害者家屬等，都不是向人撒嬌以及逃避責任的藉口。所以他設計出來的主人翁全屬於高能冷酷型人物，目標是透過反襯來說明沒有人有責任去協助他人——即使能力卓越的，也不需要扶助弱者，因為這只會讓弱者有藉口去依賴他人，繼續以寄生蟲的角色在社會中苟活下去。

在他的近作《偽裝夫婦》（二〇一五）中，同樣承接了以上的精神再有所發展，主角是由愛將天海祐希擔任，她飾演一名圖書館職員嘉門。今天他更大膽的是把男女同志的愛欲世界，置於日劇的題材中。嘉門的大學戀人陽村（澤村一樹）是男同志，一次偶然的重逢讓他興起要求嘉門一起假結婚的念頭，從而去安慰患上絕症的母親。與此同時，經常來圖書館的家長水森（內田有紀）則是女同志，她也直接向嘉門告白，希望可以一起生活成為家人。遊川藝高人膽大把如此敏感的題材，置於平常的播放時段，早已令人咋舌。更為甚者，透過刻劃嘉門及陽村的離離合合中，他差不多針對每一持分者都作出辛辣的諷刺抨擊，提醒觀眾任何角色都有一體兩面的可能性，不一定弱勢族群就一定是好人，人人都有陰暗面，所以也只能夠實事求是在現世中生存過活。

是的，遊川和彥是我深愛的其中一位日劇編劇高手，我熱切期待他的導演處女作面世的新貌。（編按：本文撰寫於二〇一六年，遊川和彥導演作《戀妻家宮本》已於二〇一七年一月在日本上映。）

廣瀨鈴是怎樣煉成的？

如果說二〇一三到一四年的新晉日本青春女優的旗手是能年玲奈，那麼二〇一五到一六年肯定就是廣瀨鈴的天下了。能年玲奈在二〇一〇年藉著電影《告白》出道奠下基礎，二〇一三年的《小海女》引發狂熱風潮，將其知名度推至歷史新高，並爭取到了青春電影《永遠不回頭》（二〇一四）的女主角宮市和希。不過由陽光少女一轉戲路成為不良少女，顯得她既有的支持者未能習慣，而《永遠不回頭》亦以劣評為多，讓她的星途氣勢有回落走向。

在此乘亂而起的肯定就是廣瀨鈴，今年只有十七歲的她，曾有幸參與是枝裕和的近作《海街日記》（二〇一五）演出，而導演更在坎城影展中勇奪金棕櫚獎，可說是星運扶搖直上。事實上，在電影中她飾演四姊妹中的同父異母么女淺野鈴，和收養她的三名香田家姊姊展現家庭重構的新生活歷程，開朗同時又成熟懂事的表現，令她深得觀眾好感。其中她因母親是第三者，破壞了香田家的和諧而感到內疚，卻又忘了大姊幸（綾瀨遙）同屬第三者的角色，在言辭表達上一直為有沒有傷害大姊感受而忐忑不安，正是這種既純真又諳世情的矛盾結合，令她鎖定了新晉少女明星的王者寶座。

城鄉並融的廣瀨鈴

有趣的是，當廣瀨鈴出道後，不少人已立即把她與「前輩」廣末涼子加以對照。兩人的外型的而且確有若干的相似程度，短髮清純的造型，加上無限活力的印象（廣瀨鈴在《海街日記》中的角色是足球隊中的主將），讓人有所聯想絕對不無道理。

不過如果想進一步從偶像「基因圖譜」去檢證，或許可以從不同的細微角度再放大審視下去。首先，廣瀨鈴的育成脈絡是城鄉元素兼備的出身背景，她來自靜岡市的清水區，位於東京及名古屋的中央，是日本面積第五大的城市，既是日本的「小京都」，同時又具備天然勝景如三保之松原（仙女下凡「羽衣傳說」的地點）等，可說是兼備城鄉並融優勢的育成良地。一面吸收首都圈式大都市的城市氣質，同時又有地方樸素的成長背景，這正是女優育成圖譜中的關鍵因素。

對照廣末涼子，背景上正好也有大同小異的情況。她雖然出身於偏遠的四國高知，但自幼已頻繁往來於橫濱的親戚家中作客，令她得以兩面討好。地方樸素可以予人開朗活力，純真善良的美好品格投影，這些氣質對青春少女偶像而言特別來得重要，因為也是觀眾對此類型偶像的潛在期許。但與此同時，要成為全國認可的偶像，又不可太過土氣，所以城市氣質的孕育又起了決定性的關鍵作用。如果循此脈絡再上溯，華人讀者熟悉的肯定就是酒井法子，出身於福岡市的她，地方背景與廣瀨鈴正好大致相同（均屬地方上的大城市），酒井一九八六年以偶像歌手身分出道，以短髮造型、甜美笑容、青春活力等形象著稱，自創的「のりピー語」成為當時熱話，她的粉絲習慣暱稱她為Nori-P，育成之路可說有跡可尋。

回到廣瀨鈴的實戰對應說明，《海街日記》中的淺野鈴角色，因父親逝世，於是由香田家三名姊姊把她由山形接去鎌倉生活，已屬上文特質的體現之一。另外，在廣瀨鈴初次主演且立即成為女主角的日劇《學校的階梯》（二〇一五）中，她飾演的春菜燕，正是因廢校關係，於是被名校明蘭學校高等學校以「特別採納」為理由成為學生的一員，但立即成為被欺凌及玩弄的對象。當中以她純潔別無心機的本質，進入爾虞我詐的名校文化氛圍中，正好也是剛才提及城鄉並糅的元素體現。最後也當然以她撥亂反正，成為學生會會長後再重新改革學校風氣作結，反映出克服「由鄉入城」的艱難挑戰，並令所有人認同佩服。

「非性別化」的綾波零系譜

廣瀨鈴的另一承接脈絡源自《新世紀福音戰士》中的大紅角色綾波零，當然大家可以從表面上的造型去加以聯想，一頭清爽的短髮已成為綾波零的標記，當然廣瀨鈴乃至廣末涼子出道時的造型也大同小異。不過如果我們回頭審視，其實大部分少女偶像出道時均同樣以清爽短髮形象示人，一來與女性化的長髮象徵抗衡，從而突出年齡的特性及可愛之處，此外也竭力予以保留男孩化的潛意識形象，好讓偶像的構成可以「非性別化」地於男女兩方面均得以討好。

好了，那麼所謂的綾波零系譜，又是怎麼樣的一回事？我想指的就是踏入九〇年代後，日本對少女偶像的期待內涵，已經與簡單只求陽光活力、青春可人稍有出入，當然不是說以上的條件不再重要，而是與此同時公眾期望的少女偶像，已需要多方面的合成特質。剛才提及的淺野鈴，正是純真與成熟的混合體，成為大家心目中的理想少女形象。

此所以綾波零的系譜，所代表的是陽光背後的陰影部分。自一九九五年《新世紀福音戰士》石破天驚地橫空出世，一切的規條已在重構。事實上，即使在「前輩」廣末涼子身上，一九九四年出道後同樣不能避免承接綾波零的系譜發展下去，在她大量開朗活力的角色背後，同樣有如《聖者的行進》（一九九八）之流的超黑暗傑作。當年此「野島伸司人性黑暗四部曲」的第四彈，深入剖陳唐氏症患者於現實中如奴隸般的生活真相，廣末涼子當中的演出，令人大開眼界，同時也奠定了作為實力女優，而非偶像花瓶的地位。

同樣，廣瀨鈴在日劇《天才怪盜山貓》（二〇一六）中，飾演超智能網路罪犯高杉真央，且同時背負父親殺母的破裂身世背景，終於在加入山貓集團後，才覓得人生意義。當中顯然已屬游走於正邪邊緣的灰色人物，與綾波零看不透內心所思，以及完全無法與常人正常溝通的特質，可謂一脈相承。所以少女偶像的脈絡痕跡，正可由此窺察破解。

當然，廣瀨鈴只是芸芸偶像之一，不同偶像自有背後相異的脈絡構成，可是她作為新生代的超新星，正好可以作為範例，好讓大家留意背後可以從以上的角度，去審視偶像的育成關係。

TEL GRACERY
ットカフェ & カプセル
8F 〜 5F
Booth
手作り居酒屋
甘太郎
4F 3F
バリバリ鶏
Bari-Bari Dori
B1
きんくら酒場
KIN no KURA
金の蔵
2F /3F
東京ビル
やきとりセン
リーチ麻雀
ロード
3F
鉄板焼
濱
築地
FamilyMart

電
(9364)
影
(8965)
尖
(90EB)
峰
(95F4)

由半年前的咖哩回想起《無人的餐桌》——是枝裕和的飲食方程式

我認為是枝裕和近年來的方程式創作已益發明顯，不過那並沒有任何不敬之情。所謂方程式，其實也是導演自身的主旋律，不斷在其中出入變奏，有時靈光閃現，有時落得呆滯，恰如人生會有起伏，都屬常事。正如誰也說是枝裕和的小津味日濃，日復日、年復年在製豆腐，其實也不會令人生乏味。事實上，《比海還深》一家人的餐桌戲，也不難教人憶想起小津安二郎《麥秋》（一九五一）中劈頭出現的家族早餐場面——如果不嫌穿鑿附會，我益發覺得日本電影的家中聚餐戲，愈來愈有「斷捨離」的氣息。《比海還深》的颱風晚飯及早餐，本來就是「已逝」的場面，卻因為人為及老天配合的安排，才得以重構應已不存的家庭幻影。《麥秋》中原節子飾演的紀子，開始時貌似單身自由快活，結果一家上下憂心忡忡不斷催婚，最後她選擇了隔壁的謙吉——既中年喪偶，還有一名女兒，更要供養母親，而且將遷居秋田，簡言之就是一切都不如家人心意。婚是結了，但那是大家想要的嗎？恍如在《比海還深》中阿部寬飾演的良多，由長大至結婚到乖離，即使樹木希林飾演的母親淑子老淚盈眶，也改變不了勞燕分飛的事實。

飲食方程式

既然提及家庭聚餐戲，那就乘勢由此入手。是枝裕和對電影中的料理場面，可說處理得漸趨化境，成為聖手。早前登徒分析《海街日記》（二〇一五），已言及食物作為人與人連繫的重要性。大姊幸乃「一家之煮」，她迎接新妹淺野鈴由天婦羅蕎麥麵開始，然後家常菜一道接一道，馬鈴薯沙拉、漬物，慢慢擴展成了代表各人心跡的重點菜式：父親的吻仔魚吐司，母親的咖哩海鮮飯，二之宮阿姨的竹莢魚南蠻漬，以至用作點題的外婆梅酒等等，都借此勾勒出背後的人情脈絡。

其實在導演首次經手的商業廣播電視台電視劇《Going My Home》（二〇一二）中，由山口智子飾演的沙江，職業設定正是料理設計師，經常在烹飪節目及雜誌特輯擔任顧問及大顯身手，而她的母親辻時子正是一個不顧家的放任女性，從來不會下廚打理家務，料理便成為上下兩代的糾結象徵。有趣的是，當沙江透過料理而建立了自己的事業及人生價值，某程度固然是一種針對上一代的反抗，但在一次由友人邀請出任電影幕後的料理顧問中，竟發覺自己弄不出像樣的家常菜——在導演眼中，她的料理過分華麗，沒有家常氣息，而此也正是沙江的死穴所在。

好了，我們回頭再看《比海還深》吧。電影劈頭的場面，就是母親在弄筑前煮（典型的和式煮食），小林聰美飾演的良多姊姊千奈津在讚賞之餘，正打算留下作為孩子明天的便當，也暗中交代了千奈津與母親的最大聯繫，正是依附在母親的料理照料下。而良多在回家探望母親的途中，正好從西武池袋線的清瀨站下車，然後便在立食店吃麵了事。然後他買了蛋糕回家，在搜尋家中老父貴重遺物之際，便把神檯上的大福咬了一口，後來母親在下午茶時才拿出蛋糕來，兩人把它分了來吃。

另一「料理」主角是「可爾必思」（Calpis）乳酸水，母親買不起雪糕，在盛夏中為了可以一嚐口腹之欲，於是把自來水加在「可爾必思」上製成冰，一來無論自己及孫兒都可以慢慢刮來吃，延長相聚及享受的時間；同時又可以大幅增加自來水的比例，令「可爾必思冰」來得更加經濟。其實這也是昭和一代女性常用的家常經濟消暑自製飲料，節儉的庶民日常氣息滿溢。

在颱風晚餐中，一家人吃的是咖哩烏冬——當良多大讚極為美味之際，母親交代那是父親仍未過身前的「遺物」，所以是半年前的咖哩，嚇得良多一陣恐慌。到了清晨的早餐，同一個餐桌上就是母親準備的白飯及味噌湯。當然，其中還穿插不少飲食場面，例如良多向前妻響子（真木陽子飾）強調帶兒子真吾（吉澤太陽飾）去吃的是摩斯漢堡而非麥當勞的貨色。

《無人的餐桌》的家族解體

《比海還深》中的良多曾獲島尾敏雄獎，而得獎的小說名為《無人的餐桌》。川本三郎曾指出，《無人的餐桌》背後的參考藍本，可能是圓地文子的《沒有餐桌的家》。即使僅從書名而言，也可感受到象徵個食年代的小說，背後的家族解體氣息不言而喻。正如古典音樂老師仁井田（橋爪功飾）所言，當中千奈津與母親的吵鬧場面十分生動逼真，再加上母親的料理一向出色，顯然易見書名所揭示的，就是一種人為地要和沒出息父親劃清界線的宣言。而良多停留及緬懷得獎的光輝歲月，也可見於他幾次已到家門前，卻選擇於火車站的立食店裹腹的場面（當然，也因為他要省下金錢來）。

有趣的是，當中隱藏的父子抗衡（後來在颱風半夜，於良多及真吾到樓下公園探險嬉戲時，透過兒子真吾之口交代出良多與父親的不和），其實也一直借料理的脈絡來生成發展。上文提及的半年前的咖哩，本身就是一個絕佳的幽默反諷——良多想找父親遺物典當應急，可是卻一直找不到貴重物品。可是在不知情的情況下，卻吞下了父親的美味咖哩「遺物」——那時候母親說了一句畫龍點睛的對白：男人總是對賞味期限過分在意，背後當然寓意猶深且廣，既包含良多對前妻與新男友的關係耿耿於懷，同時也流露出所謂父子的抗衡從來也不過形式化的虛飾，血濃於水的內在連繫是怎樣也切割不了。在《海街日記》中，大女兒幸因為外婆留下的梅酒，而與中止音訊來往的母親重修舊好。而《比海還深》的咖哩，當然是借母親之手，灌注了父親的幽靈，從而成為父母希望可以為良多與響子破鏡重圓盡一點綿薄之力的象徵。所以晚餐之後，良多便覓得父親的名貴墨硯，也成為他重整人生的契機所在（在當鋪估值了為三十萬日元後，他仍帶著墨硯與響子真吾再會，暗示他選擇保留父親遺物去重展新生的抉擇）。

如果再作錦上添花的說明，當中的父子抗衡，其實是透過三代的起伏承接潤色起來。颱風晚飯後，母親指出真吾可能有良多的寫作天份，但真吾直言不想與良多相近，因為響子已選擇了離開他，而且他也明白良多生活一塌糊塗，經濟拮据。可是在棒球比賽上，他清晰知道自己保送上疊的決定，而不會貿然揮棒希望成為英雄。正好呼應了千奈津對良多的揶揄——她一直故意唸錯島尾敏雄獎，還以如果是芥川獎便一定不會出錯反嘲。在天分的延伸對照上，早已在暗場交代了男丁三代的一脈相承——全都不是大將材料，但也唯其如是，人生才可不斷思量，直至死前也在探究可以成為怎麼樣的大人來。

《百元之戀》的拳手片脈絡

《百元之戀》當然是勵志片，但主角安藤櫻飾演的一子，選擇透過參與拳擊訓練，從而重覓新生，以追尋一勝的滋味，去讓自己的「百元生活」重拾尊嚴正軌，就絕不是偶然的安排。

落水狗拳師

在日本電影及文化脈絡中，拳手片往往是落水狗美學寄棲的代表作。最著名的當然首推寺山修司的《拳師》（一九七七）。寺山修司一直對拳擊有近乎沉溺的熱愛，過去在作品中早已多次以拳擊作為主要元素，長篇小說《荒野》正好刻劃以拳師為夢想的少年人成長歷程、長篇敘事詩《李庚順》也是以出走至東京的拳手為對象，而漫畫《鐵拳小子》主角戰死台上直接刺激成為導演的創作動力。在《拳師》中，寺山修司終於親自把鍾情的題材搬上銀幕。一位與老犬居於破落單位的中年男子，原來是以前在拳擊賽場上君臨天下的隼，但今日已過著自我放逐的生活。而來自沖繩的年輕人天馬，正是一心想以拳頭打出天下的小伙子，希望藉拳擊來賺大錢。可惜天馬卻是一名跛腳青年，沒有拳擊場看得上他，於是他去要求隼出任教練——兩人一個夢想已死，另一卻剛正好滿懷大志，現實上同是天涯淪落人，相逢已預示了未來的挫敗美學下場。寺山修司在〈落水狗的光榮〉中，憶述他對一名不見經傳失意拳手松谷好美的感情。雖然松谷好美一直在不同賽事中慘敗，但從來沒有放棄，甚至在經歷三年全敗且面對鼻塌耳崩的情況下，當詢問過醫生自己有何問題，而回覆為一切正常後，又再次重上拳壇作戰下去。對於寺山修司來說，他說得很清楚：對於那些因為失敗挫折而轉向，又或是遁逃回家中堡壘的所謂政治青年來說，松谷好美的名字，才配冠以「青春的墓誌銘」的推崇。

回到《百元之戀》，大家不難發現導演武正晴沿用的正是以上的構思脈絡，而且他在配樂的編排上，也採用日式怨曲味道濃烈的音樂風味，令人勾起寺山修司那年代的思憶。一子與拳手祐二（新井浩文飾）的邂逅，由相濡以沫至背叛出賣再到同是天涯淪落人的殊途同歸，種種的發展經歷都不難看出創作團隊恪守落水狗拳師文化脈絡的傳統意含，甚至可說規行矩步得太過保守。幸好《百元之戀》的最大吸引力，仍在於安藤櫻的表現魅力。由地獄式增磅去挑戰頹廢宅女形象，再痛下苦功完成減肥過程，搖身一變成為可信的上台拳手形象，當中動人的不是一種表面上的方法演技式的形格轉化，而是她一直以來在日本影視界的「異人」形象，終於可以收成正果，得以獨挑大樑發光亮彩——那才是我看得滿心歡喜的地方。

而當中最動人的一幕，莫過於祐二照顧一子時，所準備的一塊牛排。一子無論怎樣也扯不開那塊超巨大牛排，而當中絕不放棄且既哭且笑的連貫演出，大抵已足以為《百元之戀》在落水狗拳師片的脈絡上，值得留下一個教人關注的名字。

《正宗哥吉拉》的新世代政治寓言

如果要選二〇一六年的日本流行文化大事，相信新海誠的《你的名字》及庵野秀明的《正宗哥吉拉》，均屬必然上榜且名列前茅的時代代表。兩者不僅是勾勒出波瀾壯闊，更重要是同樣成為超賣座作品，《正宗哥吉拉》自八月一日上映後，短短一個月已創出六十一億日元的票房紀錄，入場人次已超逾四百二十萬，可見席捲日本全國的勢頭，堪稱銳不可擋。

《哥吉拉》的真身

自一九五四年推出第一集《哥吉拉》後，系列足足已有六十年以上的歷史。不少人都聽聞《哥吉拉》與反核的關係源由，是的，連導演本多豬四郎也明言當年真的天真地以為，《哥吉拉》的終結將會與核試的結束同步止息；後來當然絕非如此。

哥吉拉的構思，除了直接和日本曾受到美國兩枚原子彈襲擊外，同時也包含了第五福龍丸事件的影響在內。第五福龍丸是日本一艘漁船，一九五四年三月一日美國在比基尼環礁試爆氫彈，因而令一名船員死亡，受害人久保山愛吉在九個月後死於急性放射能症，因此被認為是死於氫彈的受害者。事件令到日本國內對核爆的不信任度，上升至前所未有的高峰。

宇野常寬在《Little People的時代》中，曾分析《哥吉拉》的源頭寓意。他指出《哥吉拉》早已成為東寶怪獸電影的代表作，而其中的核心支柱正是圓谷英二，他早已憑獨創的特技攝影技術，成為日本業界的大師，而他的本領也受到日本政府的高度評價，所以在二戰時期，時常交託給東寶去製作一些振奮人心士氣的戰時高揚電影，在宣揚愛國主義的同時，必須要有特技攝影技術配合，才可以複製出扣人心弦的戰爭場面來吸引人入場觀賞。而戰爭電影復歸東寶，《哥吉拉》從一開始已屬與政治難以切割的怪獸構想，也成為奠定怪獸類型的宗師代表。

大江健三郎也曾指出日本電影中的怪獸，往往能與核能扣上關聯，那其實是把廣島及長崎的原爆受害人，乃至原爆第二代的情感投射進去。他們面對由上而下的巨大權力，根本上是完全沒有反抗之力，迫不得已成為受害人，於是不同的怪獸正是他們異化後的形象。透過怪獸化，從而把他們所承受的巨大痛苦，以及當中悲慘細節的情狀予以刻劃出來。

我認為大江健三郎所言甚是，更為甚者，是以「哥吉拉」為首的一眾怪獸，其實他們在銀幕上被塑造成與人類溝通不來的異者，而同時對人類的存在構成一定的威脅。一旦把原爆乃至原爆二代的身分代入怪獸，就會登時明白他們有口難言的無奈苦況，而他們對四周的破壞，也即成為對自身長期及大量承受不公平對待的咆哮控訴。當然，從現實層面去思考，他們當然不可以對社會構成任何實質性的傷害，但一旦仔細參詳，受害人的存在就等同慰安婦問題般，已成為眼前日本與其他國家關係的歷史裂縫。日本在戰後長期依仗於美國的保護下，原爆者的苦難正是日本自身一度不可磨滅的瘡疤，與此同時也阻礙了歷屆政府與美國無縫結合的進程，因為說到底美國都是不共戴天的「仇人」角色，這一種愛恨交纏的心態，恰好透過《哥吉拉》系列得以反覆呈現出來。

當然《哥吉拉》的有趣之處，自然在於它有多重的象徵意含，供大家從不同角度解讀。四方田犬彥在〈哥吉拉及其後裔〉一文中，更直指當中最深層的寓意，乃是針對於南海玉碎在戰時犧牲的日軍招魂曲，因為哥吉拉登陸的路線中，由品川登陸後向新橋及銀座進發，且破壞了象徵國家權力中樞的國會議事堂及電視塔，然後再出現時回到民居的上野、淺草一帶，再於隅田川消失。當中卻小心翼翼地避開了對皇居的破壞，而從現實上去考察剛才的路線圖，皇居根本就是必經之路，所以背後帶出戰時犧牲士兵對政權的控訴，以及保留對天皇陛下的崇德之複雜情感，便得到清楚明晰的對照。

二〇一六年的《正宗哥吉拉》

由《新世紀福音戰士》頭領庵野秀明掌舵《正宗哥吉拉》，當然又是另一個世代的新變詮釋。電影中大量的官員開會場面，不明就裡的觀眾往往認為節奏拖沓，其實那正是精華所在之處——簡言之，那不只是《新世紀福音戰士》中NERV的具體真人版演繹，只不過權力範圍僅限於日本國內而已。

當中新舊世代的對立截然分明，舊世代的官僚的無知，乃至一切的議而不決，正好在前半段中不斷呈現，而中間的高潮轉捩點正好是日本內閣總理大臣大河內清次（大杉漣）的直昇機，被哥吉拉的火焰摧毀身亡的場面，也正面形象化地宣示了舊世代的壽終正寢。往後由內閣官房副長官矢口蘭堂（長谷川博已）領導的哥吉拉對策組，當中來自三山五嶽的各式民間高手，正好是向新世代宅族人等明晰表示，從而暗示一場世代交接的儀式，已經在幕後完成。

庵野秀明提出的不僅屬日夜世代之間的交替，他也沒有從天真樂觀的角度，單方面去褒揚後者，從而成為廉價的二元對立黑白分明電影。反過來說，他一直強調矢田蘭堂的角色從不易為，既要與舊世代的餘孽上司內閣大臣輔佐官赤坂秀樹（竹野內豐）角力，在明在暗均要明爭暗鬥，同時亦要與國外力量持平溝通。

而在《哥吉拉》的系譜上，不得不嚴正對待的正是與美國——作為核能施虐者的角色關係。在這一點上，我認為庵野秀明採用的是一種迴避的態度，強行設計一個日裔參議員之女加代子（石原聰美）的角色，讓她成為美國總統特使，從而帶出歷史上的核戰糾結（以哥吉拉為喻）將由彼此的下一代共同合作去化解危難，甚至以日裔身分來強化背後的自決意味。這一點當然可以在文本中存在，但顯然卻難以回應目前仍屬僵持難解的美日關係的美好想像。

核爆始終仍是日美之間的瘡疤縫隙，《正宗哥吉拉》的美好想像，或多或少都反映出日本中心目中的集體潛意識——明知不可能擺脫美國的操控及影響，卻又難以直面過去因美國而生的核災歷史，唯有借《哥吉拉》把歷史重塑一次又一次，以切合此時此刻的集體情感。

黑澤清的廢屋論——旁及《贖罪》的種種

黑澤清的電視系列《贖罪》當然不是他的代表作，而且香川照之及小泉今日子的過火演技處處流痕，但如果連結起他的個人風格標誌，以及反思他對湊佳苗四平八穩的小說原著做出甚麼改動，相信自可看出另一重趣味來。

廢屋的由來

木下千花在〈佔有者的空間〉（《Eureka》第35卷第10號，二〇〇三年七月）早已指出黑澤清的電影中，廢屋處處的視覺特徵。黑澤清曾於一次研討會中解釋選景的實際考量，他笑言很多人都說他愛找一些奇怪的場景，如稍微離開東京的地方、崩壞拆掉中的地方、略為幽靜的新興住宅區等，其實因由是自己只能在這些地方進行拍攝活動。事實上，在東京的中心區如表參道或是澀谷，又或是另一邊的中心如霞關等，均不可能拿出攝影機來。要去北海道也沒有經費，於是便只能在距離東京不太遠的地方、在時間及金錢許可下的情況，往往以千葉、灣岸以及一些新興住宅區去鑽（〈偶然與必然的戲言——黑澤清研討會記錄〉，《黑澤清・誘惑電影》，慶應義塾大學藝術中心，二〇〇一年）。空洞化的建築物如空置的工廠、酒店及倉庫等，於是便成為他的場景標誌，既因為現實考量（為了不被人注目，方便出入以進行拍攝工作），同時也成了一種制約下的風格。

用廢屋來貫穿黑澤清的電影，脈絡清晰明確。木下千花指出《Do-re-mi-fa 女郎漫遊仙境》（一九八五）為了要在大學拍攝，於是在廢墟中徘徊流浪的經驗，可看成黑澤清廢屋史的起端。《他來自地獄》（原題為《地獄的警備員》，一九九一）以辦公室大樓為骨幹，自然也可歸入廢屋光景的系譜中。而哀川翔和六平直政在《復仇：命運的訪問者》（一九九七）於棄置工廠中的對決，更可鎖定廢屋作為爭鬥象徵的標誌。沒有了月島的水產試驗場，《X物語》（一九九七）的故事也難以開展。《蛇之道》（一九九七）的倉庫成為拷問室，充斥幼兒虐待的影像構成這場復仇戰的舞台。至於《神木》（一九九九）由精神病院到營林署的宿舍更是處處可見廢屋；即使如《降靈》（二〇〇〇）以郊外住宅為基本舞台，風吹純要把少女鞋子拋掉，也是挑選廢置工廠。往後由《回路》（二〇〇一）啟端的一系列驚慄恐怖片，廢屋的視覺意象更多不勝數，在菲林中可謂驅之不去。

黑澤清反思廢墟的意象，曾指出廢墟中是時間停頓的，一切流行事物或是風俗流向均與此無緣。反過來替代的，就是死亡或是永遠及不動等印記，轉眼間就會在腦中湧現。所以在獲得以上東西之際，作品不知不覺間便會進入歷史洪流成為構成的一部分。以上因時間停頓而觸發的死亡氣息論，自然與黑澤清嫻熟的恐怖類型密切相關，但木下千花想突出的是廢屋的另一屬性——名為廢屋，即指已棄置，乃原來的擁有者放棄了此居所，於是成為了所屬中空的建築物，也因而成為了黑澤清鏡頭下黑幫、殺手、復仇者、宗教集團乃至幽靈進駐的最佳場域——爭奪空洞載體的佔有權，我認為才是廢屋論背後更有趣及可供發展的分析方向。

佔有的不同可能性

從廢屋的佔有權延伸來看，其中一個重要命題就是擬似家族的重構，我們可以在作品中看到發展的脈絡。木下千花指出在電視系列《為所欲為!!》（一九九五至九六年）中，本來住在舊魚店二樓又或是舊托兒所的的哀川翔，後來前田耕陽的加入，再加上因事故而來到的七瀨夏美及藤谷美紀，於是在不知不覺間一個擬似家族的關係便成形。正因為棲息地並非以正常的租賃關係來確定，所以佔有者不期然便與擬似家族的身分重疊了。黑澤清更故意用視覺元素來提醒我們擬似家族的佔有者存在，在《為所欲為!!掠奪計劃》及《為所欲為!!逃走計劃》（一九九五）均塗上紅色，而《荒涼幻境》（一九九九）則塗上藍色及黃色。而在《為所欲為!!黃金計劃》（一九九五）及《為所欲為!!成金計劃》（一九九六）中，則在廢屋中堆滿沒有使用價值的玩具。那可以看成把廢屋置於修補美學的構思經驗，希望透過擬似家族的佔有，從而透過廢屋帶來治癒效果，把它回復人間性的功能。

最明顯的構思當然屬《人間合格》（一九九八），昏睡十年的青年西島秀俊，張開眼來發現一直以來的老家已被父親友人役所廣司所佔據，兩人不期然就在所有權不明的「廢屋」中共建擬似家族的關係。在此過程中，剛才提及的修補美學正好逐漸發揮作用，透過修補身處的廢墟，逐步找回正常的家庭關係況味。這種擬似家族等同佔有者的遊戲，往後在《X物語》、《復仇：命運的訪問者》和《降靈》等都有持續應用，成為導演的標記之一。

另一命題我認為是轉移附身植入的幻化，相信與黑澤清游走於靈異世界的類型範疇有密切關係。早在《X物語》中，教祖伯樂陶二郎的形體，便出現在廢屋骯髒窗戶的角落，以一身白色衣服及蒼白面孔的形態掠過，然而那數秒也可以看成精神科醫生佐久間的幻覺，廢屋的場景頓成現實與妄想的臨界點。至於在臨近結束前的一幕，在廢屋內的荻原聖人被役所廣司射殺，忽然從鄰屋中傳來怪異聲音，門戶亦被推開。廢屋中留聲機的迴轉，發出如咒文般的聲音，不啻就是教祖的玉音，而役所也成為被教祖附身的代罪羔羊……

事實上，在《降靈》中已有通靈者純子把靈能轉移給丈夫的情節——他看到自己的分身，當然也保持精神分析上的曖昧性。而先前的《門・第三部》（一九九六）也有藤原的魔力轉移到京身上的安排，電影文本中的說明為男方體內的寄生蟲入侵了女體。黑澤清於廢屋中不斷上演轉移的情節，正好企圖把它的曖昧性作放射性的推衍。由廢屋的物體中空失所屬，投射於人心內的精神中空狀況，於是轉移附身植入——無論從靈異角度又或是精神分析角度也好，爭奪中空的佔有權其實於理同一，同步彰顯作者的母題。

《贖罪》的廢屋意象

回到《贖罪》，讓我們看看黑澤清在湊佳苗的小說文本中，植入他的廢屋意象。首先，在原著中廢屋意象最濃烈的，當然以英未里、紗英、真紀、晶子和由佳時常出沒，用來玩冒險遊戲的廢置別墅。在小說的篇章中，先在真紀一章（〈家長大會臨時會議〉）出現，然後由於發現者是由佳，於是後來在由佳的篇章（〈十個月又十天〉）中才詳細道明來龍去脈。對於此「自投羅網」式的對應設定意象，黑澤清當然全然接納，而且更重要是加重劑量，好把個人印記風格強化顯現。

是的，戒指及秋惠遺書的伏線早存在小說中，然而麻子與南條由自由學校的糾纏（那其實也是廢屋設定的替代變奏，而且屬原著所沒有的情節），到最後回到廢置別墅作終極對決，那都是黑澤清的植入改動。

廢屋中的二人對決，乃至刑警在自由學校的查案盤問，其實已在把擬家族關係中的修補功能調整。小說原先就足立、麻子及英末里的三人關係，已帶來擬家族色彩——小說中的足立早已知悉英末里並非親生女兒，他沒有生育能力（與紗英相若），於是與麻子的婚姻也是一宗交易（「給我安定的生活，給他社會上的信用」），但電影中則把足立描繪成一直被蒙在鼓裡的一人，而且兩人在英末里之外還育有一兒。黑澤清把足立的形象正面化，一方面故意用來強化「贖罪」的主題（麻子一章的〈補償〉正是小說的高潮及焦點所在），同時正好拋棄了形式上的修補，直接指出要重新建立牢固的家族關係，必須要先了斷前面一切陰暗源頭，為過去的錯失逐一補償，大家才有重生的機會。所以增加麻子及南條在廢屋了結前事的場面，正是黑澤清用來掃除重建障礙的必要構思；而四名受害女子之一只有由佳可以面對家族的重生（孩子即將誕生），也恰好因為她從頭到尾都沒有受麻子的詛咒／承諾所影響，從來不覺得英末里的死與自己有任何關係。廢屋作為爭取佔有從而再開花啟導人生下一章的場域，效用一直在黑澤清的電影中貫徹下來。

更為甚者，他其實在五集之中，不經意之間加入了不少原著本無的廢屋意象，好把個人的主題移花接木繼續探索下去。是的，所以在紗英一章（〈法蘭西娃娃〉），孝博與紗英的新居，其實原先在小說的設定是在國外，而且新居的描寫其實頗為簡單，只以單調來加以形容，然而在黑澤清的精心建構下，那竟成為一無人之境的精緻「廢屋」——屋內不准任何生人的往來，紗英被禁止與外界接觸溝通，即使母親千里迢迢來訪，也不過在商場的簡別座位閒聊，她也被指定只能用孝博提供的電話作通訊之用，換言之也不過是被禁錮在新居的活人娃娃。

然而在此新居式的廢屋中（孝博的家人從來沒有在此出現），黑澤清正好大量植入小說本無的內容。其中尤以孝博在欣賞紗英變身成娃娃後的告白，更加可圈可點。他自言小時候發現燕尾蝶的幼蟲，竟然最後可化成黑蜂來，換言之被植入了外物的載體，原來也有主動權選擇身份。此所以這棟新居廢屋，正是轉移附身植入的最佳場所。請留意黑澤清所作的重大改動，原著是紗英於婚嫁後在海外新居中，才發現孝博是洋娃娃小偷的陰暗面。但在電影中，紗英在婚禮前已知悉一切，進行婚禮前更看到英末里的鬼魂出現，於是孝博最後批評兩人其實為同類的諷刺才得以確立（小說中也沒有）——在被植入的失神之際，兩人在「廢屋」

重建家族關係的嘗試，卻以失敗告終，乃因一切前事未了（孝博未還偷洋娃娃的罪，而紗英則對英末里之死深有愧疚）。

無中生廢屋

如果不嫌過分詮釋，某程度而言黑澤清的廢屋植入補完計劃，也可以視之為孝博的幼蟲變身論投影，而《贖罪》蛻變成湊佳苗版還是黑澤清版，正好成為懸念所在。我想指出黑澤清加入孝博幼蟲變身論的片段，其實背後另一層的植入改編提醒：原著中湊佳苗著眼的是四人各自與麻子之間的罪債糾纏，黑澤清卻同時開展另一層的閱讀空間，電影中四人其實都有選擇權，而對手正是自己以及投影出來的鏡象人物。

先前我已解釋孝博及紗英的同體對倒關係，已屬原著所無設定。事實上，同體對倒的投影，其實貫徹在黑澤清的改編理念中，簡言之人物本身乃一直在爭逐自我的擁有權——又或者用英末里的死來作一界線，自意外後除了由佳，每個人都失去了自我，處於茫然迷失的狀態，於是要成為黑蜂又或是燕尾蝶，正好變成了廢屋意象的核心精神——既可是植入附身，也可屬分裂人格，視乎觀察審視的角度而定。

所以除了孝博與紗英之外，真紀與田邊、由佳與麻子其實也呈現相若的連繫。小說中田邊的角色不過輕輕帶過，電影中卻來得吃重得多，而最後在家長大會臨時會議結束後，他向真紀揮以老拳，更加清楚點明兩人雌雄分身的關係——原來大家一直都是別人眼中的領袖，深得他人的信任及器重。真紀在英未里的意外被摧毀了自信，田邊同樣在泳池意外後經歷相若的創傷歷程，所以那一拳恰好代表新舊自我對所謂的蛻變並不認同的矛盾性。與此同時，黑澤清也故意把由佳描繪成小女魔頭，她以犯人線索來要挾麻子，更是明顯不過的鳩佔鵲巢強行植入設計，也才點明她與麻子的同質性——都是諉過於人的高手。

而我覺得把幼蟲變身論與廢屋作精準結合，肯定是晶子與哥哥的關係。〈熊哥熊妹〉是黑澤清在四人中改動最大的篇章，小說中哥哥是孝順成熟的穩重青年，既孝順父母，又愛護晶子，畢業後成為公務員，成為鎮上的好評人物。電影中的哥哥是浪蕩子，在外邊混不下去便帶了一名風塵打扮的女子春花，以及她與前夫所生的女兒若葉回來，還迫父親作借貸的擔保人，基本上可說把原著的設定悉數推翻。

更為甚者，黑澤清以一個巨大的棄置倉庫作為哥哥回鎮後的居所，在空洞的倉庫中兄妹兩人的熊性逐步浮現。本質上哥哥以為可以完全「植入」晶子，把妹妹當成工具，所以他答應在父母去世後繼續照顧她，同時也完全對晶子沒有防備讓她自由出入。結果兩人同樣在廢置的倉庫中表現出野獸喜好玩耍的本質（哥哥在強暴若葉前的嬉戲，晶子與若葉的跳繩），當然還有獸性彰顯的一刻（哥哥健身，晶子捕殺哥哥一幕），最終同樣反映出自我同質性的對象，是不可能完成植入附身轉移的過程。

在此系列結束前，我還想重提在卷首的說明：《贖罪》肯定不是黑澤清的優秀作品，但我認為更可見他作為一個改編者，如何把個人意象風格植入湊佳苗的小說文本，從而塑造出更可觀的詮釋可能來。是的，只要仔細去對照一下，才不枉費那五小時的觀影經驗。

SOS

文（95B6）化（89BB）浪（9851）潮（92AA）

御宅族的新經濟模式

一直以來，御宅族的消費市場龐大，也是日本各商家的兵家必爭之地，但又囿於御宅族的消費模式傾向集中於網路上，加上隱私的關注度高，往往陷入一種不透明的狀態，讓要作市場分析及預計時出現一定的難度。

御宅族消費的轉變

或許先從一些已知的數據出發去了解一下局面。二〇〇四年野村總合研究所的報告指出，動畫系御宅族的人均年度消費金額為十萬日元，但到了二〇一三年由矢野經濟研究所的報告中，已下降至二萬五千日元，僅約為四分之一。當然，不同研究所的統計方法或許會有一定程度的出入，但金額變化之鉅也著實說明了風向的流變。就以偶像系御宅族的消費為例，矢野經濟研究所的二〇一三年數字是九萬五千日元左右，較野村總合研究所的二〇〇四年數字為七萬五千日元便上升了125%左右，可見御宅族對不同消費項目的興趣轉變，也是影響數字升降的重要因素之一。至於其他影響因素，下文再論。

如果從宏觀的大局審視，矢野經濟研究所二〇〇七年推算御宅族市場為三千五百九十七億日元，而二〇一三年已到達一兆五億日元的水平。相對而言，野村總合研究所於二〇〇四年的推算為兩千六百億日元，綜合而言可得出整體數字一直攀升的判斷。

而御宅族研究專家原田曜平進一步指出，矢野經濟研究所的報告，僅針對動漫及電玩等十六個主要御宅族主要消費範疇為分析對象，但如果把御宅族的領域擴闊，例如把K-POP及寶塚歌劇等均納入御宅族消費版圖內，他認為目前的御宅族市場早已翻到一倍至三兆億日元的水平。

御宅族人均消費下降的背後真相

原田曜平同時也指出，研究所提出御宅族人均消費下降的現象，背後還有其他的現實因素。他以自己為例，作為三十代或以上的御宅族，他們的御宅族人生就是主要針對動畫興趣出發，然後把自己的精神、時間及金錢大比例投放其上的生活方式。但時至今日，日本年輕一輩的御宅族已出現「輕型化」的趨勢，簡言之這些「輕宅」會自稱是動漫宅，但只會特別留意特定幾部作品而已。而且「輕宅」也不會花錢消費在宅物上，同時也過著平凡人的生活，照常會去做運動又或是參加聯誼活動，換句話說就是與從二〇〇四年因小說《電車男》揭起風潮後，所定型化的宅男形象大相逕庭。一旦針對「輕宅」作田野採訪，便會得知他們認為因為擁有御宅族的知識會便於與人溝通，所以因此而選擇成為御宅族。

所以現今御宅族市場的上升趨頭，其實背後存在吊詭的因素，一方面人均消費或許下降了，但差額卻透過御宅族人數的大增來填補。事實上，「輕宅」人口中不少都是大學生，基於日本人的就業條件及環境不斷劣化，研究反映他們從父母手上收到的零用錢也每下愈況，自然令到「輕宅」可供自由消費的金額日漸減少。但根據二〇一一年的矢野經濟調查所資料，就他們提出的問題：「你認為自己是御宅族嗎？又或是他人有稱自己為御宅族嗎？」結果有25.5%的受訪者回答「是」，換言之過去御宅族給人的污名形象，現已徹底去掉，大家已進入堂堂正正「出櫃」式的御宅族正名年代。正是這股正名化的力量趨勢，令御宅族人數不斷攀升，從而讓消費金額也穩步上揚。

事實上，原田曜平參考了不同研究機構，針對御宅族消費所進行的調查範疇，分析出除了傳統的動漫系類型外，其他如輕小說、同人誌、鐵路模型、摔角、COSPLAY 衣裝及所有關連消費（如主題居酒屋及café等）、女僕、線上遊戲、AV（成人影像）、BL及聲優等等的消費市場均甚為龐大，綜合而言，對象可說深入不同領域及年齡層。其實三兆億日元御宅族市場的推論，最先是源自於東京電視台《TV CHAMPION》「秋葉原王選手權」企劃的優勝者，現在已成為秋葉原總合研究所株式會社的社長寺尾幸紘，他在新著《抓緊宅族心 最強購買欲的顧客》中，正好率先提出只要不囿於矢野經濟研究所的分類方法，御宅族消費市場推算已累計至三兆億日元的水平云云。

「輕宅」的面貌

剛才提及「輕宅」的出現，改變了御宅族的消費面貌，從投入程度而言，對上一代的「基本教義派」御宅族來說，「輕宅」僅喜愛幾部有限的動畫，就自稱「御宅族」有一定冒犯的成分。但反過來而言，也因為資訊流通的模式改變，例如自〇〇年代開始，因YouTube及niconico的普及化，令大量動畫可以在網路上免費收看，過去要憑購買DVD或是透過紙媒去珍藏的資料，轉眼間好像已失去價值所在。

事實上，據統計資料顯示，日本的DVD及藍光光碟的出售及租賃金額，二〇一四年為兩千兩百九十九億日元左右，較高峰期二〇〇四年的三千七百五十三億日元來說，大約只餘下六成上下的市場，而且看來也沒有再回春的可能性，可見御宅族消費模式的轉變。

反過來說，「輕宅」的消費據點，主要是有共同參與交流成份的祭典活動。近年最著名的活動，就是大阪市的「日本橋 STRERR FESTA」。日本橋是大阪市浪速區的次文化重鎮，地位等同於東京的秋葉原。二〇一六年已是第十二屆，在三月十六日已舉行。活動以 COSPLAY 遊行為焦點，不少人士透過扮成動漫人物的造型出席活動，成為御宅族界的一大盛事。更重要的是，參加者的年齡階層日益拓寬，反映出「輕化」的傾向，確實可以產生壯大族群的作用。

重視祭典活動的參與氣氛，一起營造歡樂氣息，同時一洗御宅族過去閉關自守的反社會化形象，從而建立新一化的陽光開朗面貌——這正是「輕宅」的正面貢獻。

由「鐵子」去看御宅族變化

在日本女性的群族文化中，「鐵子」顯然是〇〇年代後的重要部族。自從漫畫雜誌《IKKI》（小學館）開始連載菊池直惠的《鐵子之旅》後，風潮已開始醞釀而成。

有趣的是，菊池直惠本身絕非鐵路迷，《鐵子之旅》是她與鐵路專家橫見浩彥合作的作品。橫見是完成了在所有日本JR及私鐵車站下車的狂熱分子，即使到目前只要有任何的新車站開通，他也必然立即去親身實地觀察。更重要的，正如橫見所言《鐵子之旅》的重心並非在於列車沿線觀光名勝的介紹，而是當中更深層由鐵路引申而發的趣味。所以不期然地使鐵路粉絲，在連載期間與日俱增地持續上升。

時至今日，「鐵子」風潮甚至早已出現不同程度的進一步分眾化。鐵路粉絲名為「鐵」、「鐵仔」或「鐵子」；熱愛乘火車的一族為「乘鐵」；喜愛拍攝鐵路相關相片的為「攝鐵」；鍾情記錄火車運行聲音的為「音鐵」；其他還有「時間表鐵」和「模型鐵」等。因此《鐵子之旅》也得以長期連載下來，甚至已製成動漫，現在即使已由另一漫畫家執筆，但《新・鐵子之旅》仍然屬高人氣的連載作品。

當然除了《鐵子之旅》的鼓動外，不同「鐵子」的現身發聲也起了推波助瀾的作用。當中有自稱為鐵路偶像的木村裕子，也有鐵路攝影師矢野直美在二〇〇一年刊行《北海道列車之旅——全線指南》後備受好評，此外還有酒井順子在二〇〇六年推出《女子與鐵道》的散文集。凡此種種，均起了搖旗吶喊的附和起哄作用。到了目前，連為了與下一代趣味相投，不知不覺愛上鐵路的母親也大有人在，形成了新興的「鐵子」範疇下的次文化族群「媽媽鐵」，可見鐵路吸引力確實無遠弗屆。

鐵粉的男女差

儘管「鐵子」好像已蔚為風潮，但信時哲郎在〈女子與鐵道趣味〉中不忘引述大量資料，以說明「鐵子」潮流的本裏好像並不一致。他首先借社會學家鵜飼正樹在一九九七年十月拍下廢線時京阪京津線的觀察，指出拿出相機拍攝有五百十五人男性，而只有八名女性，後來更進一步查證只有三人。

當然，那是十數年前的情況，今日「鐵子」降臨不難別有一番天地。可是信時哲郎認為即使時至今日，在書店的鐵路叢書區，其實女性讀者的蹤影仍寥寥無幾。而據酒井順子於二〇〇四年探訪京都大學的鐵道研究會，也同樣發現十五名成員中全無女性。至於同年十一月舉行的東京大學駒場祭，三十五名成員同樣沒有女性。無論在哪一所大學的鐵道研究會中，女性成員也有如鳳毛麟角，屬稀有品種。於《Aera-net》二〇一〇年五月三十日的報導中，指出在大學的鐵道研究中，歷史最悠久的為慶應義塾大學的鐵道研究會，而女性代表只有三人，進入平成年代後僅餘下蜂谷一人。由此可見，女性參與鐵道研究的粉絲活動，委實少之又少。

日本鐵路專家原武史指出，JR東日本的男性員工比例為97.5%，阪急為96.5%，而其他鐵路公司也在九成半以上，對比起鳩巴士（HATO BUS）為55.6%，又或是日本航空的56.6%，可見鐵路界絕對屬男女比例嚴重失衡的行業範疇。原武史更進一步指出，日本鐵路的發展，從來和日本皇權推衍出的政經文化有密切關係，所以女性更加沒有置喙的空間，導致男女不平衡已屬定規。進入今天的民主年代，仍然未能撥亂反正，所以鐵粉的男女差，也屬合情合理的後遺症。

有人以「男子總是喜歡交通工具」的性別主義論調來解釋以上現象，這一點連信時哲郎自己也不以為然，他甚至打趣道自己剛好育有一男一女。女兒原先對鐵路甚有興趣，但稍長便對老父的鐵道談大呼乏味揚長而去，而兒子一旦進入運動時代，也立即把鐵道興趣棄如舊履。連鐵路及鐵路模型情報誌的主編武井豐也說：「由兩歲到小學三、四年級期間，孩童對鐵路大抵也頗感興趣，但於此同時也差不多感到飽膩，轉而去尋找新的興趣。」

「鐵子」所屬的御宅族世代

對我而言，「鐵子」的大盛與鐵路研究的粉絲仍以男性為主，其實並沒有任何矛盾存在。和信時哲郎的觀點不同，我認為「鐵子」對所謂的鐵道研究會不感興趣是理所當然的事。簡言之，大學內的鐵道研究會其實從來都是蛋頭集中地，一大批的未成年或是超齡學究雲集於此，聯想一下就可以知道其中氣場的可怖，作為潮流時尚的新興「鐵子」族群，又怎會希望在於出現影蹤。

簡言之，所謂的「鐵子」族與傳統的鐵道研究會粉絲對照，她們根本就是屬於不同世代的御宅族。用日本被稱為「宅王之王」的岡田斗司夫於《阿宅，你已經死了！》（二〇〇九年）提出的世代論分期說，鐵道粉絲會之流的構成及出現背景，本就應屬「御宅族」第一世代，也即是被形容及描述為「御宅原人」。第一代人成長於日本經濟的高速發展界，社會上的生存空間甚大，於是他們的御宅興趣也沒有帶來甚麼煩惱，自然而然可忠於自己興趣存活下去。「鐵子」族顯然屬於第三世代，也則是目前二十出頭的一代，她們成長於「媒體混雜」期，是被育成的一群。因為她們從出生起，就被培訓成百分百的消費者，而接觸的作品亦已進入高度的完成期。就好像放回鐵路範疇的興味探索下，過去機械性及數理化的宅向調查研究已有不少前人經營，所以「鐵子」的存在印記本來就需要另覓蹊徑，再加上她們本來就是消費主導的一代，故此鐵路的興趣是用來消費而非研究的——即使沉溺於鐵道文化的某一點滴，目標從來不是第一世代的專家化御宅族傾向，而是因好玩才不能自拔。

以上正是我認為由「鐵子」中看出的御宅族世代差異。

J-POP的企業文化批判

日本的流行音樂，一向在海外討論日本流行文化的光譜中，屬於低度開發的畛域，好像從來只能僅守於次文化中的小眾位置，和日劇、動漫及電影於海外市場的關注度上，始終稍有出入。而且不少人也往往對J-POP有較為負面的感覺，認為不過屬於流行潮流工廠製作式的產物，討論價值不高云云。而且J-POP的內容又被戀愛主題所主導，谷本奈穗指出九〇年代的J-POP，情歌比例已高達97%。難波江和英也認為對年輕人世代而言，情歌的滲透力最強，也被視之為最自然的作品。也許J-POP的情歌化現象，亦予人口實把本身內涵淺化，不過如果我們肯用心回溯，其實不難找到J-POP的反建制脈絡，其實尤其是對日本的企業文化，有不少精警深刻的動人反思傑作。

先行者的聲音

回頭再看，其實日本八〇年代在J-POP及搖滾樂的範疇上，已率先出現了針對「黑心企業」文化的批判，而且非僅限於在非主流的獨立音樂層次。更重要的，是一眾暢銷歌手有胸襟及意識去高歌挑戰企業文化的歌曲，本身也屬一種希望掙脱商業束縛、企圖提高個人風格自主性的隱喻表現。阿部真大指出八〇年代尾崎豐的出現，可以説是一劃時代的分水嶺，他作為超暢銷的偶像歌手，憑歌寄意展開一連串的社會批判舉動。他的代表作《畢業》，不少人都曾聽聞，正好就屬於當代日本流行文化中，針對管理教育及成人世界作出嚴肅抨擊的名作。

尾崎豐《畢業》

校舍的暗影　青草地上　天空藍的耀眼
一種幻想與真實交織的心情
鈴聲響起　回到教室的老位子上
不禁想起　究竟什麼才是自己所該依從
一顆徬徨的心是此刻我所擁有的唯一
百無聊賴地想著　感到一陣迷惘

放學後在街上閒晃　我們在風中
寂寞地走著　孤獨浮現在眼底
飽和笑聲與嘆息的店裡
在彈子球上一較高下
百無聊賴的心　只要能找到刺激
不管是什麼我們都把它講得很誇張

循規蹈矩認真努力　聽來簡直像是神話
夜晚的校舍　我們四處打玻璃窗
不停的反抗　不停的掙扎　只想早一天得到解放
在與大人難以置信的抗爭中
彼此原諒　卻究竟又相互理解了多少
在煩不勝煩之下　也將成為過往
只瞭解到一件事
那就是從這個支配下　畢業

聽說誰又和誰有了過節　每個人都興奮了起來
只為了想看看自己的實力到底有多強
頑固的相信只有力量才是一切

告訴自己順從便代表了失敗
即使是對朋友也不可示弱
那怕有時會因此而傷害到誰

但每個人終將落入情網
讓愛的細語和理想的愛奪去了心
雖說是為了生存不能不精明現實
但卻又相信愛上一個人時的直率真情
究竟孰輕孰重　是愛情還是生存
分不清楚只感到一片迷惘

循規蹈矩認真努力　聽來簡直像是神話
夜晚的校舍　我們四處打玻璃窗
不停的反抗　不停的掙扎　只想早一天得到解放
在與大人難以置信的抗爭中
彼此原諒　卻究竟又相互理解了多少
在煩不勝煩之下　也將成為過往
只瞭解到一件事
那就是從這個支配下　畢業

就算是畢了業　究竟又能明白些什麼
除了回憶究竟又能留下什麼
若說人們都是被緊緊綁住的柔弱羔羊
老師你難道就是軟弱成人的代言者嗎
我們的憤怒究竟該指向何方
從今以後又會是什麼來將我緊綁
此後究竟得從自身畢業幾回
才能尋覓到真正的自我

在不知不覺裡　被人安排好的自由裡
焦慮的每一日也將結束
從這個支配下　畢業
從爭鬥裡　畢業

除了《畢業》外，另一首《十五之夜》也是尾崎豐批判學校制度的名作，當中所反映透過去破壞學校的舉動，流露了不可見光的憤怒，更甚是強調了即使畢業，人生歲月已經虛耗了，究竟憤怒可以指向何方的無奈。當然，尾崎豐的目光不會僅限於年輕人角度，所以更有《Bow!》這一首工廠勞動者之歌。

在《Bow!》中，尾崎豐把視野鎖定在藍領工人身上，「即使說不也會被社會吞噬」、「初中畢業高中畢業中途退學面對沮喪／與愛情相較，與夢想相較，你們更想有以金錢買來的自由嗎？」、「下午四時的鐘聲響起／心中的狼便嚎叫起來」歌詞簡單直接，把日本學歷社會的苛刻現象坦承出來，升學不成的失敗者便被編配入工廠中成為螺絲釘一枚，每天僅等待下班的鐘聲才可以恢復自由，從而發出藍領對白領的批評痛擊。

更重要的是，尾崎豐絕非個別例子。八〇年代由布袋寅泰、冰室京介及松井恆松等人組成的搖滾樂隊BOØWY也心繫藍領階層的佼佼者，他們的名曲《WORKING MAN》中，把工人形容為如狗般奔走，即使在夢中也消失了夢，只能漫無目的度日，又或是空喊希望自由。阿部真大認為他們的悲鳴，反映出在經濟高速起飛的環境下，被壓抑的人性哀泣。作為八〇年代的知名搖滾樂隊，他們本身就正是渴望從日本的企業社會、學歷社會以及官僚制度逃逸出來的具體例子。可是社會上普遍沉默的大眾，面對經濟黃金年代的來臨，在社會氣氛一片唱好以及欣欣向榮的繁華表象下，所有不公平不公義扼殺人性的行徑均被邊緣化，又或是以時代的雜音名之而輕輕帶過，所以以上音樂人的聲音，的確負起了先行者的預警任務角色。

九〇年代的內化自省

踏入九〇年代後，音樂與企業文化的互動又開始出現新變。首先，時代的氣氛至少表面上開始逐步由管理教育的氛圍，改為提倡重視個性的教育，也因此令八〇年代先行者的對抗攻擊意識被削弱。與此同時，音樂界也不能脱離泡沫經濟破滅的影響，在進入九〇年代後，日本樂隊大盛的風潮也隨之落幕。回到企業社會的狀況，過去經濟好景令社員可以有長期安穩的生活保障，但出現整體逆流下行後，連正社員也無法倖免，社會上瀰漫著前景不明的氣氛，大家只能無奈地走一步算一步。

而最為炙手可熱的SMAP，用《加油吧》來回應。

SMAP《加油吧》

所謂最棒的終點呢
是在「啊！」聲中結束
星星咻地消失無蹤
又是另一個早晨

鈴鈴鈴地鬧鐘響起
血壓倏地降低
睡眼惺忪的樣子
什麼啊　真是的
Hey Hey Hey Girl
無時無刻都　不要沮喪　加油吧
Hey Hey Hey Boy
真的很遜　因為是早晨　就加油吧
在人後指指點點這種事
喜歡這樣做的人有很多吧
月亮是繞著地球旋轉的
一直持續旋轉著
即使變得飛黃騰達
即使穿著錦衣玉服
跌倒了也是會痛的
事實就是這樣的啊
Hey Hey Hey Girl
終有一天　還是要幸福喲
Hey Hey Hey Boy
真的很遜　一日之計在於晨

以往在東京鐵塔
所看到的名產上
所貼著的標語是　「努力」和「毅力」
Hey Hey Hey Girl
工作嘛　還是加油吧
Hey Hey Hey Boy
天空是藍的　我們都生存著
Hey Hey Hey Girl
總有一天　要贏得幸福唷
Hey Hey Hey Boy
真的很遜　每天還是要加油哦

當中其實已清楚表明了個人在企業社會中無力反抗的卑微處境。「即使變得飛黃騰達／即使穿著錦衣玉服／跌倒了也是會痛的／事實就是這樣的啊」已隱晦地點明泡沫破滅的社會象徵。而辦公室政治是永不會休止的，「在人後指指點點這種事／喜歡這樣做的人有很多吧／月亮是繞著地球旋轉的」。能夠做的就只有無奈地勉力應付，而且也自知無能至極，「真的很遜　每天還是要加油哦」。

就連一度成為日本治癒系音樂重要代表的女子二人組合帕妃（Puffy），同樣有《這是我的生存之道》曲折地表白對企業文化的心跡。

帕妃《這是我的生存之道》

最近在你和我兩人之間感覺不錯
不好意思 Ne　感激不盡 Ne
從今以後還多多照顧 Ne
樹上剛摘下來的水果非～常的優
我們最好能一直像這樣子　無論經過多久仍新鮮

如果有誰忽然間不安的感覺　一定要毫不保留支持鼓勵一下
逢凶化吉也好　互相拖垮也罷　這就是你要面對生活的方式

燃燒在你和我兩人之間感覺熱烈
生命有一種被證明感覺
一點一點點看見了這個世界
樹上剛摘下來的水果非～常的優

我們最好能一直像這樣子隨便哪個角度都是很新鮮

就算心中難免不安的感覺這就是我要面對生活的方式

最近在你和我兩人之間感覺不錯
不好意思 Ne　感激不盡 Ne
從今以後還多多照顧 Ne
慢慢慢慢在過程之中　好戲不斷　相伴走到最後一刻 Ne
誰也不可以中途來打岔 Ne
樹上剛摘下來的水果非~常的優
我們最好能一直像這樣子　無論經過多久仍新鮮

唱到這裡 SaYoNaRa～

歌詞表面上好像沒有針對企業文化而發的任何字詞，但那其實正是針對九〇年代後期日本僱用制度瓦解而發的名曲。當時正社員的錄用已大幅減少，大規模的裁員在各行各業此起彼落地進行，而八〇年代逐步湧現的「飛特族」（即和製英語 freeter 的音譯，意指以固定性全職工作以外（兼職工作）的身份，來維持生計的人。部分飛特族人士低收入難以建立家庭，亦難以於事業上有晉升）已幾乎成為常規。《這是我的生存之道》剖白的正是這類勞動者面對窘境的心聲。當中強調的正是從企業文化中逃逸，從而嘗試去尋找另一種生存方式的可能性，而由樣子可愛的二人組帕妃唱出，在一向男尊女卑的日本社會中就更加產生強大震撼力。而「就算心中難免不安的感覺這就是我要面對生活的方式」的著名歌詞，正好道盡所有「飛特族」的由衷心曲。

當然，也不是說樂隊主導的對抗企業文化意識已煙消雲散，九〇年代後期才成立的Dragon Ash是在日本具有重要地位的搖滾樂團，由主唱降谷建志帶領。他們是第一個將嘻哈音樂推向日本流行音樂市場的樂團。Dragon Ash的曲風混合了饒舌、饒舌搖滾、龐克、硬蕊以及節奏藍調等不同音樂類型，他們因此將美式風格帶進了日本音樂，並且讓饒舌音樂在日本成為主流之一。除了音樂風格外，更重要是他們也秉承了樂隊文化中的反建制傳統，堅持批判憤怒下去。

Dragon Ash《FEVER》

對日常生活中每件降臨的事物有著滿滿的感謝
雖然頭部微微發燒著但想要再向前踏一步

焦躁不安的恐懼感　在難以言喻之下隨風而去
背負著輕視的結果
開始沒有終點的競速比賽
目標未成　夢想之上還有夢想
達成是條困難的道路
成功著地不容易　踏著世代的知性狀態
即使如此腦中還在不斷思索　彷彿不知道停止是什麼持續前進
感受著毀壞的聖所找尋前進的方向
立下生存證明　有著些許傲慢的態度
支離毀滅的行動　補足充滿孩子氣的那一面
對日常生活中每件降臨的事物有著滿滿的感謝
雖然頭部微微發燒著但想要再向前踏一步
失去後路只有往前方通行一個辦法
否定後卻又感受疲累憑著能言善道的小聰明
立下生存證明　有著些許傲慢的態度
支離毀滅的行動　裡面我們的自信更加膨脹

《FEVER》其實是《這是我的生存之道》一體兩面的說明。不過帕妃的是懷柔版，Dragon Ash 的是對抗宣言版——兩者同樣有高唱不願再受企業文化支配後的反響。「失去後路只有往前方通行一個辦法」不就是「就算心中難免不安的感覺這就是我要面對生活的方式」的激情版表白。當然，一切就如歌詞所言，就是要抱持傲慢的態度去立下生存證明。

〇〇年代的回應

當然隨著時代的遷移，在回應大同小異的問題上，不同年代的音樂人的策略也有若干的調適。八〇年代的先行者，如上文提及的尾崎豐及BOØWY，他們明確指出即使成為日本企業的社員，甚至生兒育女擁有自己的居所，但同樣不能避免捲入戰後日本社會所建構出來的制度中，成為「被犧牲」的一員。

成立於一九九四年的日本樂團BUMP OF CHICKEN（バンプ・オブ・チキン，略稱有「バンプ」、「ＢＯＣ」等），團名有「弱者的反擊」之意。二〇〇四年的《Only Lonely Glory》正好有承接中的轉化效果。

BUMP OF CHICKEN《Only Lonely Glory》

所以說你要拿自己怎麼辦
你已經察覺了真正的孤獨不是嗎
在滿滿充塞的人海裡
反復自問的一句話
放射狀延伸的足跡
只有自己沒辦法踏出步伐

已死的心該拿它怎麼辦
假裝已經忘記其實還記在心裡
就算是推開它　就算是拋下它
終究還是如影隨形地跟在身後
在黑暗的保護下　顫抖的身體
清晨步步逼近

被拋棄的迷路的孩子
已嫌太遲的開始
唉　該怨什麼才好
遮起眼睛的　塞住耳朵的

全都是這一雙手

lonely glory
從世界的盡頭傳來的聲音
有一道光芒
不斷呼喚著未曾選中的名字
only glory
只有你才能獲得的獎杯
用那雙並非特別的手
獲准觸摸那道光

於是我們下定了決心
只因我們察覺了真正的恐怖
就算是躲起來　就算是逃開去
總有一天還是會被照到
各就各位　深深呼吸　然後吐氣
等待暗號的響起

不會被嘲笑　不會被憎恨
也沒有燦爛的生命

耀眼的也只有最初
解開眼罩　你瞧　黑夜已破曉

lonely glory
不要緊　看來我還能走
在一人寬的路上
淚眼所捕捉到的暗號

only glory
只有我才能獲得的獎杯
為孤獨而寒顫的　這雙手
讓他遇見了溫暖的是那道光

輕撫著　不再跳動的心
殺了它的　不是誰正是我
傷口上　有水珠滴落
它動了　雖然只是一點卻是千真萬確

依然還活著　獨自在我的內心
開始呼吸　和我兩人一起

因為是我　所以可以看到
「你好！對不起！是否能夠想起」
因為認識了孤獨　所以才能相遇
從此不再孤獨

邁出腳步的迷路的孩子
足跡的開始
在這裡有生命的存在
如果沒有被選中　那就主動去選吧
那唯一的榮耀

lonely glory
知道了沒有所謂的世界的盡頭
如果有比起這個腳步　更快速
不斷飛翔的光芒
only glory
那才是值得獲取的獎杯

為那雙　並非特別的手
取名為特別的那道光

BUMP OF CHICKEN 採用的策略是不去苛責當事人，即使埋首在企業文化中，一醒過來已孤獨一人，也不知道該做甚麼才好，但仍然嘗試去尋找在迷宮中的正面元素。阿部真大認為作為同樣流露鬥爭意識的流行曲，《Only Lonely Glory》已經完全以不同角度去切入。「獎盃」正是當中的隱喻，即使在企業文化生存打滾後可以得到「獎盃」的回報，但背後的孤獨是否就是大家想要的呢？還是從孤獨的處境出發，從而回想起與人的關係，作出勇敢的決定，去尋找屬於自己的真正榮光。阿部真大分析那可視為一種放棄企業文化中安穩高職的考慮，即使選擇不安定的職業工作，但是否就可從官僚系統中逃脫出來，重覓自由的人生——他認為那正是 BUMP OF CHICKEN 道出同代人的心曲顯影。

當然，凡事都有兩面，最後我想以 Mr. Children 的《彩》（二〇〇四）作結。無論企業文化如何逼迫，同樣會有人從逆向角度思考，希望以謹守勿失的態度敬業樂業下去。《彩》中「我的生存價值即使如此微不足道／卻能為每天的生活添加色彩」，很明顯就是一種針對帕妃《這是我的生存之道》的內省回應。以對抗始，以治癒終，可以是一種處理方法，大家都有不同選擇的自由，這才是最重要的核心價值所在。

Mr.Children《彩》

我所做的　只是把交待給我的工作　好好完成
咖啡就是我的夥伴
沒關係的　即使得不到讚美　小小的自豪　就是我胸前的勳章

我從事的工作雖然單純　但卻能推動世界不停旋轉
成為素未謀面人們的笑聲
我的生存價值即使如此微不足道
卻能為每天的生活添加色彩　沒有顏色的我　每天　一點點的　染上　紅　黃　綠

高談闊論著
社會或是世界上發生的重大時事
總覺得自己多多少少也變了上流階級的人物
天亮之後　原來還是一樣平凡

我憧憬的景象是那麼樣的遙遠
即使伸出手還是搆不到標了好多註記的目錄　就這麼整本丟進垃圾桶
這樣微不足道的生存價值　有時會覺得自己像個傻瓜
慌張的尋找屬於我的顏色漸漸滲入了　金　銀　紫

「我回來囉」

「辛苦啦」

我從事的工作雖然單純　但卻能推動世界不停旋轉
也許某處　無人知曉的人的笑聲
我的生存價值即使如此微不足道
卻能為每天的生活添加色彩　沒有顏色的我　每天　都在增加　藍　橘

沒什麼大不了的工作　旋轉旋轉旋轉著
現在　成為我面前的人的笑容
這樣明確的生存價值　為每天的生活添加色彩　沒有顏色的我
每天臉頰都染上　溫暖的　粉紅
每天　都在增加　美麗的　色彩

便利屋文化的變遷

在日本的流行文化中，無論在小說、動漫、日劇乃至電影的範疇上，都有一個恆常出現的背景設定，就是以便利屋為本的故事構成基礎。便利屋可說是日本特有的行業，指因應客戶需求，而提供各種各樣的服務，由更換電燈泡到變換傢俱的位置等，事無大小一律在包含的範圍內；甚至協助溜狗、種花、購票甚至是代客人出席黑白二事儀式，都有所提供。日本的趨勢分析專家三浦展在《超獨居時代的潛商機：一人化社會的消費趨勢報告》中，直指便利屋在超獨居時代下的需求度更大，而在此工作的員工最好也是當地居民，會令服務果效事半功倍。

便利屋又名為萬事屋，也是由萬事皆可代勞之意引申出來，廣受日本及海外觀眾歡迎的動漫名作《銀魂》，正是以萬事屋為中心骨幹支架。《銀魂》主角坂田銀時（暱稱阿銀）本為武士，但為了維生而成立了萬事屋，以接受他人任何形式內容的委託任務，完成後收取酬勞為業，但故事中其實他極為懶散，與一眾萬事屋的成員（神樂、新八及定春）往往終日游手好閒，所以也是「萬事不幹屋」的變奏。事至今天，便利屋／萬事屋的用語已普及起來，大家都借此來命名這一種接受任何形式委託經營模式。

七〇年代的《前程錦繡》

其實便利屋文化，在日本流行文化中早已出現及生根，我印象中早期最膾炙人口的便利屋文化經典作品，首推日劇中的《前程錦繡》（日文原名為《俺たちの旅》），原作是一九七五年，後來一九九九年重拍出《新．前程錦繡》版本，此劇在海外甚受歡迎，在香港接近為「神劇」級數，在無線及亞視均曾於不同時代反覆播放，是香港人的青春成長印記。

故事講述由中村雅俊、津坂匡章及田中健飾演的三名日本七〇年代的三流大學畢業的年輕人，在社會上打拼卻不斷碰壁受挫的經歷，是典型的青春勵志劇，卻予人有深刻的共鳴感。其中尤以中村雅俊飾演的主角津村浩介最為人喜愛擁戴，他的披頭散髮配上大喇叭褲的造型，活脱脱就是反建制年輕人的代表，而事實上他的性格也令自己無法入融入傳統的日本企業社會文化中。在肯定歌頌一眾好友的友情可貴之餘，他們最終為求自主，終於成立「包攬掂公司」（此為廣府話，意指甚麼也可幫客人代勞，也即便利屋的意思，日文原文為「な

んとかする会社」），決心邁向自由奔放獨立自主的人生道路。

劇本除了勵志的訊息外，更重要的是也鎖定了便利屋文化的基本設定模式——成員多屬反社會主流價值的游離分子，他們重視的是人的自主性，而當中往往顯露出人性最根本可歌元素的擁抱實踐，其中尤以友情為通常認定的至高價值。因此便利屋內的成員，往往也被視之為擬家屬關係的轉化，在日本家庭關係崩壞的現實世界，曲折地反映出人心底層中的微妙流向。

《銀魂》及《多田便利屋》的變奏

而在日本當代流行文化中，最深入民心的便利屋名作，我敢肯定必以動漫中空知英秋的《銀魂》（《銀魂》的電影版更以《永遠的萬事屋》命名）及小說中三浦紫苑的「多田便行屋」系列為據（迄今為止，系列中的三作《真幌站前多田便利屋》（二〇〇六）、《真幌站前番外地》（二〇〇九）及《真幌站前狂騷曲》（二〇一三）已分別先後改編及製作成電影及電視劇版。有趣的是，在活用便利屋的主題下，其實兩者都有自覺地加以調適當中的人物關係以帶來新變。

《銀魂》中萬事屋組成，當中阿銀、神樂、新八及定春其實與傳統的便利屋方程式大異其趣。過去有人指出《銀魂》中的萬事屋是擬家族關係的替代，空知英秋直斥並非如此，強調一切不過是萬事屋的關係。但我的理解是《銀魂》中的萬事屋人物構成，的確並非傳統的擬家族關係，因為萬事屋本身就是一個家庭關係！

傳統的萬事屋構成中，成員多為同齡及同輩，也因此友情是他們的牽絆連繫核心，也由此而來補償親情乃至愛情上的不足，大家胼手胝足相濡以沫的共同吃苦經歷，才得以深入大家骨髓而為之動容。但《銀魂》中的組合本來就接近家庭關係的構成——阿銀既是父兄角色，而神樂與新八就是手足關係，定春就是家中的寵物，因此正是以家庭關係的延伸去推衍故事情節。

反之而言，「多田便利屋」中的多田及行天便有所不同，一來便利屋的成員只有他們兩人，另外因為三浦紫苑是著名的「腐女子」，小說中的BL元素也若隱若現地滲透，所以兩人的關係由惺惺相惜的友情，同時又存在著微不足道的曖昧氣息，成為小說與別不同的地方所在。三浦紫苑從來都是捕捉這種微妙的男男禁斷氣息的高手，在《你是北極星》中有更精準的發揮，但借便利屋背景生成的變化，正好值得大家去留意。

正邪難分的《被遺忘的新娘》

到了岩井俊二的電影新作《被遺忘的新娘》，針對便利屋的處理安排更增詭異氣息。黑木華飾演的七海因婚姻失敗，因婚禮上曾拜託綾野剛飾演的行舛代找臨時工來撐場面扮演家屬，於是在失意落寞時一直依賴等同經營便利屋的行舛。

有趣的是，岩井鏡頭下的便利屋，不再是傳統的勵志溫床，反過來成為正邪難分的灰色地帶。在電影有暗中交代，七海被丈夫誤會有外遇，其實也是行舛背後受人委託而策劃的。而行舛一直對七海示好，甚至安排她去出任一份高薪的留宿女傭工作，原來也是受Cocco飾演的真白委託，因為她想在自殺尋死前不會孤單離去，所以七海之所以被「挑選」，其實是因為行舛看上了她已經舉目無親獨自一人，即使她被騙而一起服毒陪真白死去，也沒有人會深究背景的複雜內情。

豈料在陰差陽錯之下，七海沒有死去，反過來行舛一直陪伴她去打理真白的身後事（兩人把骨灰一起送還給真白母親，後者因女兒從事AV女優工作而斷絕交往多年，三人在真白靈前裸身豪飲的場面乃電影的高潮所在），其實一直協助七海自立重生，連新居的傢俱也為她張羅。凡此種種，正好看出岩井對便利屋的曖昧態度——既可以害人不淺，甚至把對方置於死地，但同樣會雪中送炭，充滿情義，究竟哪一面才是行舛的真貌？導演顯然想告訴觀眾：那正是我們所面對的人生——真假難分，黑白混糅，要存活下來既要生存的智慧，也需要保存人心的溫純。唯有對人堅持抱有期望，才可以在逆境中踽踽獨行下去。

便利屋在日本流行文化中正好有以上豐富多姿的變化，值得我們好好檢視細味下去。

「為了自己而整容」的日本整容美學

一般人認為女性整容是為了令自己更加出眾漂亮，但川添裕子在名為《美容整形與「普通的我」》的日本人整容美學研究專著中，便發人深省地探究出日本人鍾情於整容背後的獨特精神。她指出日本人整容傾向想令自己變得「普通化」及「日常化」，希望融入芸芸眾生的洪流中，不讓人覺得自己過分出眾突出。當然不少人的反應會感到錯愕，認為如南韓人般追求更漂亮自信的外觀，才是符合人之常情的普遍人性整容態度。川添裕子的研究所得，未免流於矯揉造作，乃自鳴清高的包裝云云。

「女為悅己者容」的時代新詮釋

或許我們可以看看其他日本整容社會學家的分析，再作進一步的深入了解。著有《美容整形及化妝的社會學》及《戀愛社會學》的谷本奈穗是這方面的權威人士——是的，日本的整容美學及社會學研究，大多為女性主導策劃，我想是因為較為方便與研究對象進行面對面的田野調查之故，尤其要女性整容者打開心扉，由衷說出整容決定及心態背後的來龍去脈，同性之間的安全及親密感，相信是不可缺少的先導因素。

如果不嫌穿鑿附會，我認為中國古語中的「女為悦己者容」，最適合扭曲附上新詮釋，來描述谷本奈穗筆下的日本女性整容心態。原文指女性為了心上人而粉飾妝容，可是在今天的日本社會中，谷本的研究指出日本整容人士最大因素就是為了「悦己」——滿足自己以及能令自己感覺良好。在此先稍為交代谷本的研究範圍，她在二〇〇三至二〇〇五年，以及二〇一一和二〇一三年，一共針對四千多名整容人士作出問卷調查，而根據問卷的回應資料，再進一步和三十二名整容人士及醫師作深入的焦點面談探訪，從而去確保資料的真確性，以及希望可取得深度及廣度兩方面的平衡。

有接受整容的日本女性指出：「過去整容一向給人由負變正的印象，好像只有本來外觀上有問題的人才會去整容，但我不認同這種想法。我想變得更好，又或是令出色的外貌錦上添花，簡言之就是要變得更美更強就是我的整容心態。」另一名女士表示：「為自己比為男人來得重要得多，我連男友是否喜歡也一概不理，總之從為自己出發去整容就是自己的信念。」以上的例子，正是谷本訪談對象的「悦己論」陳述，而有趣的是這種想法所得出的結果，和上文提及川添裕子的研究結果竟然驚奇地不謀而合。

「想像的自己」及「日常化」

谷本奈穗的研究中，指出絕大部分的整容人士，她們在整容前與後的對照，旁人十居其九均毫不察覺。她以日本人最熱衷的雙眼皮整容手術為例，指出不少整容人士在手術後，都分享大同小異的經驗——就是若非因手術後為保護眼睛而需要帶上眼罩，身邊周遭的友好根本就不能察覺手術前後的差異區別。然而一旦追問下去，大部分的整容人士的回應為「他人察覺不到並不重要，我自己清楚知道有所不同就可以了！」以上整容後難以辨識的客觀現象，恰好與川添裕子的「普通化」及「日常化」美學分析對應，而與此同時，追問下去又知悉整容人士確實恪守「悦己論」的壁壘——那麼在想像的他者評價，和想像的自己造像之間的鴻溝，又是怎樣的一回事呢？

谷本曾分享在不少訪談過程中，當受訪者表示臉上有皺紋，因而需要整容去掉，可是她用盡眼力心神也看不出來，然而對方卻堅持皺紋正好清晰地在己心中！這種主客雙方之間的落差，可以用剛才提及的雙眼皮手術來加以說明。切割雙眼皮是日本女性趨之若鶩的整容手術，接受手術者除了表示希望與常人相若（即川添裕子的「普通化」因由動力，但客觀上而言日本女性的單眼皮又或是雙眼皮才是「日常」標準，也有待商榷），更大的動力正是希望可以塗眼影！是的，是為了可以化妝時塗上眼影！

在谷本的受訪者之中，一眾接受雙眼皮整容手術的女性，確實有各種不同的精彩心理剖析：

——不一定是為了更漂亮，總之是為了可以好好化妝，是的，想化好妝（笑～）！

——想塗眼影！單眼皮塗不到，完成雙眼皮手術後，當閉目眨眼時有截然不同的感覺，我立刻去買了大量的眼影回家。

——我超想塗眼影化妝！單眼皮的話，即使塗上也全無意義，當變成雙眼皮後，眼妝便可以有不同變化，立即去買不同顏色的眼影回來（笑～）。

以上正好説明剛才提及的主客之間區別，進行雙眼皮手術後，渴望可以塗眼影化妝，我不知道在中國或南韓有多少女性會有同感。當然，背後的終極後果可以是「更漂亮」，但大家也明白那不是必然的，就等同上文提及大部分旁觀者是區別不出整容前後的差異。但當事人由不可塗眼影變成可以盡情變影，變化的幅度肯定明晰不已，這大抵就是上文提及「他人察覺不到並不重要，我自己清楚知道有所不同就可以了」的背後體會理據了。

銀髮整容族

由此延伸的獨特日本整容現象，就是整容人士的年齡分配，絕非如其他國家般集中在年輕的世代階層中。大家可參考谷本奈穗在二〇一三年所進行的希望接受整形手術的世代階層分佈研究中的統計數字：

	前半	後半
二十世代	37.0%	47.2%
三十世代	38.2%	35.0%
四十世代	22.3%	34.0%
五十世代	25.2%	26.4%
六十世代	21.4%	

在以上的數字中，年輕世代的女性當然仍是整容大軍的最大潛在參與者，可是再仔細審視一下，就可發覺原來中年及高齡人士的整容志願比率，可謂毫不遜色。六十世代有兩成人，而四十及五十代的也大致相同，可見他們不會因為個人的年紀而左右了自己的整容決定。與此同時，希望透過整容手術，從而去對抗自然而然的衰老過程，更加成為了清晰不過的「悦己論」心態體現。

由是作出概括的歸納整理，所謂「普通化」的日本整容美學，乃針對整容前後旁人察覺不出來的客觀結果而言，當然一切自有例外，希望進身藝能界的整容人士，自然會有不同的考慮，但以上的研究是面向普羅大眾而發，她們的集體整容潛意識才是有趣的焦點所在。而谷本的研究就清楚披露「悦己論」的關鍵因素，由雙眼皮手術背後的心態到銀髮族的熱衷參與，均說明由己而發，從而建構自我滿足的想像形象，比起客觀上整容前後旁人眼中的實際差異，來得重要百倍。

あなたが創る。
33,100
シースリー

社(8ED0)會(98F0)百(9553)態(91D4)

誰是受害人？——日本社會對犯罪者家屬的追究意識

日本社會對犯罪者及其家屬的處理文化，到媒體以及公眾所表現出來的態度，一直為人詬病，但現實上悲劇又不斷重複發生，而且似乎已呈現出一種日本獨有向犯罪者家屬問責的文化觀。作為同屬東亞文化圈的海外華人來說，當中有不少值得對照反思的地方。

正如日本思想家柄谷行人在《倫理21》中，開宗明義的反思切入，他指出「少年A事件」（一九九七年一名只有十四歲的學生犯下連續殺人案件，曾把被害人的頭部割下，放置在學校門口，且寫信向警方及媒體挑釁。由於媒體刊出嫌疑犯的真名及相片等隱私資料，引發不少問題，最終一律以「少年A事件」來命名此案）正是一個明顯因子女犯罪，於是連家長也捲入滔天巨浪的代表性社會事件。他回溯當代類近的案件，發現在一九七二年的連合赤軍事件及一九八八到一九八九年間的「M君事件」（M君連續殺害了四名女童）中，同樣已有「前科」——前者有一位赤軍成員的家長自縊身亡；後者M君的父母因此離婚，且各自改名易姓，行蹤不明，後來據聞M父也死去，而M姊也在婚期前一刻被迫解除婚約。而在「少年A事件」中，A的父母接近在媒體前被公審，甚至下跪長達九十分鐘，但仍未能止息民眾的嗜血心態，甚至有文化人（如著名作家柳美里）繼續窮追猛打，儼然以道德教主的身份自居。以上的「流行」現象，確實值得我們去反複思量加以細察。

小說及電影中的呈現

其實日本的流行文化也一直對以上的問題有所反省，電影及小說均有深入的思考討論。《大搜查線》的著名編劇君塚良一，在撰寫超暢銷的人氣日劇之餘，同時也是一位極其嚴肅的導演。他在自編自導的電影《誰都不保護》（二〇〇九）中，正好是以日本警方的「保護罪犯家屬」計劃作為背景加以建構故事。電影提及船村家的長子因為成了一宗凶殺案的嫌疑犯，於是警方在查證辦案之餘，也啟動了「保護罪犯家屬」計劃的程序，另派探員去保護嫌疑犯的家屬，希望免除他們受到來自媒體的二次傷害。電影的主角便是派來保護嫌疑犯家屬的刑警勝浦，以及嫌疑犯妹妹沙織，後者一直不明前者的好意，直至領略到陌生人及媒體的惡意後，才認識到不知名的大眾對道德審判的嗜血執迷，逐漸才了解及認清日本社會的冷酷無情一面，同時也開始接受勝浦刑警的協助。

回到小說的範疇，細心的讀者其實不難察覺，日本的超暢銷小說家東野圭吾對犯罪者家屬的心理刻劃，一向都有莫大的熱情及探索興味。在加賀恭一郎系列中，更一再反覆處理大同小異的處境。在《紅色手指》（二〇〇六）中，前原昭夫為了掩飾獨生子直巳殺害小女孩的命案，費盡心思去隱瞞真相，甚至把罪名企圖推諉至扮作患上了老人失智症的母親政惠頭上去。小說處理的雖然是媒體介入前的時空，但從中已清楚反映出孩子殺人，父母承責的沉重壓力，於是才誘使昭夫作出埋沒良心的舉動。到了《麒麟之翼》（二〇一一）就更進一步要父親以死為兒子贖罪，青柳武明的兒子悠人因為中學時期參加游泳部的一場惡作劇，令同伴終身癱瘓，但當時的老師卻隱瞞了真相，對警方謊稱為一宗意外事故。武明後來得悉此事，於是竭力為兒子贖罪，結果卻不幸連性命也賠上，最終因為他的逝去，加上加賀恭一郎努力去弄清他背後的用心，才令兒子悠人正視自己往昔的錯誤，從而踏上認罪及道歉之路。東野圭吾再次處理父承子責的主題，矛頭也是放在真相被揭發之前的時空世界，希望透過加賀的努力，令一切在受到輿論的公審前，可以在人情世界的領域中得到自我調適的解決方法。那當然屬一種樂觀的期盼，但問題正好乃於小說文本中，一再強調父親為兒子的過錯問責的處理，當中既有正面的《麒麟之翼》，也有反面的《紅色手指》，但無論如何都清楚流露出一項事實——只要子女惹禍，父母一定不能置身事外。

責任的思考

柄谷行人曾提出一個有趣的觀察，以上的文化呈現，某種程度與外人眼中的日本家長制度森嚴是互為表裏的一體兩面關係。一般而言，外國人對日本家長都有某程度的負面印象，認為他們對子女諸多管束，是不文明的專制表現。最近在二〇一六年五月二十八日有一宗日本新聞，恰好是以上情況的對應說明。一名七歲男童田野岡大和於五月二十八日在北海道失蹤，經調查後發現，原來是父親田野岡貴之為了懲罰兒子，於是把他獨留在山中，豈料在十分鐘後折返時，兒子已失去影蹤不知去向了。大和在山林失蹤六天後奇蹟地生還，但事件已在社會惹起軒然大波。

柄谷行人認為日本父母之所以有管教嚴苛的習慣，是因為在日本社會中，不論子女惹上甚麼事，到頭來一定會算到父母頭上去，也即是家長會被要求負責。故此看來家長在管教子女上好像有很大權力，但一般父母的心裡其實都相當憂心自己子女會出事，或是為非作歹，一旦發生自己就會成為子女的犧牲品了。因為害怕，所以更加惡性循環地去限制子女的自由。

到頭來，我們只能夠認真去反思何謂責任的問題。德國哲學家雅斯培（Karl Theodor

Jaspers）曾發表《罪責論》來反思德國的戰爭責任。當中提及罪責的四級形態，一是刑事上的罪，即法院上所判下的罪責定性及相關刑罰處理；二是政治上的罪，乃是指作為國民，面對國家犯下彌天大罪時所背負的責任；三是道德上的罪，也即是法律上判定無罪，但道德上必須承擔責任的情況；四是形而上的罪，也即使精神層面上的罪咎感，簡言之就如在集中營的生還者，會產生為何自己可以得救，他人卻被殺害的內疚，嚴重的甚至認為好像是自己殺害了他們一樣。

好了，從以上責任的四種形態，一旦挪移過來去檢視日本家長因子女犯罪所承受的壓力問題。顯然易見，一必然與他們無關，二在此範疇上也不適用。究竟子女犯罪，父母應該承擔多少責任？又或是根本不用承擔——三可說是因外律而成的責任思考，較接近上文提及的日本情況，一眾媒體正好取代法院的功能，來出任道德高地上的判官。四則是更高層次的精神責任包袱，於此亦和日本現況無關。

那麼最終孰是孰非？大抵每個人心目中都會有不同的答案。我認為以上現象有趣的地方，並非在於大家對責任判定的看法及見解，而是面對以上的情況，究竟採取甚麼態度去面對才是關鍵焦點？成為媒體背後推波助瀾的幫凶？還是沉默一方隔岸觀火？又或是同情憐憫犯罪者家屬？甚至進一步挺身出去為他們提供協助？那大概才恰好反映出你我的陰影部分，眼前的一切不過是大家作為共犯的陰影投射罷了。

下流老人和幸福老人

「下流」一詞，大家都知道十一年前（二〇〇五），因三浦展的《下流社會：新社會階級的出現》而成為聳動人心的日本漢字流行語。文明社會一直嚮往向上流動的機會，但一個體系不可能永遠無止盡地向上攀升，於是出現滑波的勢頭後，作者早著先機寫成預警的暢銷名作，到今天正如他自己所言，當中的「下流」局面已在社會各方面顯現出來，也可說真的不幸言中。二〇一一年之前，三浦展把「下流」的焦點收窄，直接置於日本老人身上，嘗試再進一步去探視他們所面對的切身困惑，於是出現了《下流老人與幸福老人》的新作。

下流與幸福的分界

首先必須要了解日本的人口組成變化流向，才可以進一步認知老人問題的嚴重性。即使日本人口已出現逐步減少的傾向，但政府的推算預測，至少到二〇五〇年為止，仍會出現超過一億的人口。當中家庭的數目，會由高峰期的二〇二〇年開始下滑，由二〇二〇至二〇三五年間，推算會減少三百五十萬戶的家庭。若以二〇一五年的時點為基數推算下去，日本的人口會有26．8%，即三千三百八十五萬人為六十五歲以上，而八十歲以上的會達到一千〇二萬人之多。所以日本將成為老人社會，其實已屬鐵一般的事實，問題是政府及社會整體上，如何準備及面對這必將降臨的變化而已。而日本媒體以「長者社會」（SENIOR社會）來命名此未來走勢，各方面的調查及分析也在積極進行中，以捕捉特色好作應付。

而《下流老人與幸福老人》正是三浦展依據與不同機構合作的調查報告（三菱總合研究所及文化研究所），再加以追蹤補充，而完成針對老人問題而發的近著。其中我認為首要的有趣觀察是，一般人均認為經濟條件充裕與否，是決定老人幸福度差異的關鍵因素。而據調查所得，經濟條件固然重要，但作者同時發現經濟條件的影響力，其實達到某一水平，便會出現臨界點的情況，超越了界線後，對幸福度便不會再有左右的作用。報告的資料中，以年收六百萬日元的長者到一千兩百萬元的長者比較，兩者收入差異剛好一倍，但他們認為自己「非常幸福」的指數差異只有4.1%（10．7% vs 14．8%）。三浦展結合自已的實地探訪經驗，指出三十至四十歲的年齡層中，一旦年收超過一千萬日元後，幸福度便開始下滑。同時，普遍而言男性的結婚率與年收成正比，但同樣在超過一千萬後，便會出現下降的傾向，故此綜合各方面的資料所得，三浦展認為幸福度的臨界點分水嶺在八百萬日元年收上。當然，以上的分析也非新鮮的見解，那大抵也再一次說明經濟理論中「邊際遞減定律」的解說，當經濟條件達到某程度後，它所能為持有人所帶來的幸福，便會停滯不前，甚至出現下降的情況，原因很簡單——在經濟條件所帶來的幸福背後，還有很多的幸福是金錢買不到的，甚至會因為巨額的身家而帶來反作用。而三浦展的調查中，正好得出下流老人與幸福老人最大的差異，並非在於經濟條件，因為彼此所擔心的核心困惑，例如健康問題以及家人的相處問題等，這些都不是單純按經濟條件的高低就可以出現決定性的分野來。

老若男女共學

此所以我更看重，三浦展如何去尋找為老人增加幸福度的謀略方法。由衷而言，由上野千鶴子的老人學名著《一個人的老後：隨心所欲，享受單身熟齡生活》開始（尤其是從女性長者的角度切入，加上她本人又是日本著名的女性主義者，所以帶來的反響更加震撼深遠），到三浦展今次的論述，當中不難看出逐步發展的脈絡來。

在《一個人的老後》中，上野千鶴子強調的是老人社區的重要性，即長者需要從守舊的家庭觀念中解放出來，不要再視子女的照顧供養為唯一的安老出路，而要積極為自己的老後人生作出安排及打算，一方面適當地挑選合適的老人宿舍，同時要擴闊交友圈子，建立興趣群組，逐步地讓個人健康及人生均可以在有持續發展及保障的情況下，延續多姿多采的生活。

而三浦展於二〇一六年的觀察點，我認為在「老若男女共學」的新概念上。過去如吉本隆明及上野千鶴子的老人論述中，或多或少均把老人獨立出來，透過老人互助的形式，從而希望可以為老人學謀出路，而前者更強調由健康的老人家去照顧有問題的老人家，往往會有更佳效果云云。

可是三浦展透過實地探察及了解，發現不少新世代的老人社區重構計劃中，都開始出現「老若男女共學」（若即年輕人）的共生概念來，其中尤以從食及住兩方面最能體現。在食方面，如東京西荻窪的「Okatte 西荻」及杉並區的「阿佐谷相互食堂」等，都是這方面的先鋒。以前者為例，實行了會員制，之後就是一個共同分享成為大廚的計劃，構思上一切是結合地緣為本，每天盡量採用當地的食材，而且地方內的佈置亦以東京出產的木材為據，再結合一些如太陽能發電等的 eco-friendly 概念設計。當然，最重要的關鍵，參加的會員可以聚集在一起共進晚餐，大家可以按各自的條件，去配合及協助準備料理，到最後就成為一個男女老幼共融匯聚的社區食堂，彼此可以重拾過去鄉舍鄰里的親切感。

至於在住屋方面，名古屋市郊的「ぼちぼち屋」是一個很多的實驗例子。此乃由古老民房改建而成的群居式住宅，當中住了十五名需要看顧的老人家，同時有四名ＯＬ以及一個家庭合住（夫婦及一名孩子）。大家聽上來都會覺得是一個非常奇怪的組合，可是卻體現出細心考慮到各方需要的設定，像是ＯＬ尋覓居所，同棲式設定可以確保出入上的安全，而表面上好像合住者眾多會帶來甚多不便，但因為大家的生活作息時間不同，反而可以得到微妙的「分工」配合，例如長者可以在黃昏前完成洗澡等個人梳洗環節，於是ＯＬ下班回來後便不會有所衝突。更重要的，不同的入住者均反映出可以與「他者」相處的情況，反而令生活體驗大增。有趣的是，合住者當然需要分擔家務，而年輕的也會協助長者解決一些生活疑難，但最重要的是從來沒有既定的規則，即合住的習慣配合及調適全由居住者磋商協調，反而可以因自由度大而令各方住得更愜意。

以上的食及住兩方面的例子，我認為是體察到日本社會流向趨勢的重要轉變契機。前提其實就是上文提及的家庭崩壞瓦解的現實情況，既然這是無法改變的情況，就唯有用其他方法去製造替代的新契機來。長者不幸福的關鍵是健康及家人關係的考慮，共食及共住的設定，正是針對性的回應策略。既然家庭解體不可逆轉，唯有在社區層面提供製造「擬家族」

的經驗來，而為了令大家重拾對家庭的正面信心，於是擬家族的構成也盡量減省了麻煩困擾的俗務，以盡力營造彼此共享的環境來。當然，其中不可能事事順利，但以上的努力正好說明了，面對文明的崩壞，坐以待斃不可能扭轉乾坤，唯有彼此通力協作，不斷修正及試驗，才會有平穩過渡的可能性出現。

日本老人難唸的經

不知大家有沒有留意最近發生的這一宗新聞，在日本也引來廣泛關注，讓大家再度對老人晚年的福祉問題產生熱議。緣起是在二〇一四年十一月，有長者在安老院中墜樓，但在其後的十二月，竟然再出現兩宗同類型事件，經過長期調查後，警方最終發現乃職員今井隼人所為，並在二〇一六年二月正式落網被捕。

謀財害命的老人院職員

據資料顯示，今井隼人於二〇一四年五月入職，換句話說他一入職便進行了一連串的殺老行動。他曾接受媒體訪問，表示以協助長者安享晚年為人生目標，同時又與同工保持良好關係，時常款待他人，從而取得周遭的信任。在連環墮樓事件中，因為三名老人家身高均只有一百六十公分，但老人院的圍欄有一百二十公分高，所以考慮到這應不可能是連續偶發事件。經各方搜證後，獲悉今井隼人分別在數名老人家身上，奪去數十萬日元的財物，終於揭發了背後的行兇動機。

事件引起廣泛關注的其中一大原因，是肇事的老人院「S-AMILLE川崎幸町」，背後經營安老院的積和Support System（積和支持系統），它的所屬母公司MESSAGE是日本大型安老集團，不少日本老人的晚年福祉都操控在他們手上。然而諷刺的是，它旗下的安老院，過去早已相繼發生過不少虐老事件。厚生勞動省公內二〇一四年的數據顯示，安老院虐老的數字為三百宗，連同親屬虐老的個案，增至一萬六千零三十九宗，較二〇一三年的一萬五千九百五十二宗大幅上升。而受虐至死的有二十五人，較二〇一三年增加四人，以這些數據來看，均反映出問題的嚴重性與日俱增。雪上加霜的是，日本的人口老化問題，日益惡化，據國家人口研究所估計，日本六十五歲以上人口比例，會由現時的24%，到二〇六〇年到達40%。試著思考看看，十人中有四人為六十五歲以上的老人社會，相信已經不寒而慄。

老人的首要福祉在安居

當然，老人問題絕非只有日本需要面對。以香港為例，據香港政府統計處於二〇一三年的估算，到二〇一六年的全港人口中，一百人便有十七人是六十五歲或以上的老人家，而醫管局也有數據指出，大部分的醫療資源，其實也花在公營醫療系統中對老人家的關注及照料上。而居所問題更是重中之重，二〇一五年香港一所著名的連鎖經營的劍橋護老院的大埔院舍，被記者拍到職員把老人家脫光，讓他們在公眾可看到的陽台上等候洗澡，而所謂的洗澡也不過由職員用水喉射向老人家作罷，因此惹來軒然大波，情況和日本不相伯仲。

所以如何解決老人家的安居問題，一向令人勞神費勁。香港的情況是老人院的水平良莠不齊，即使是以為長者安老而設計的長者住屋計劃，往往也沒有認真為長者的需要考慮。以號稱為老人服務的香港西灣河康東邨為例，本身除了一所耆康老人福利會外，也沒有任何為老人而設的配套設施。至於在南昌站旁的富昌邨，初期更是一片荒蕪，也因此打消了老人家出外的欲望。

回到日本的情況，女性主義者上野千鶴子在《一個人的老後》中，便詳細分析了老人家獨自面對晚年的不同可能性，嘗試為大家提供現實及心理上的意見及準備。她同樣直言有一處所屬的居所，是老人家安享晚年的先決條件。有趣的是，她同樣極為反對老人入住護老院，因為裡面有許多沒有專業的看護人員，甚至拒絕外部監督，所以即使外觀上如何吸引，內部可能也隱藏了很多不為人知的憂患。

她指出不少老人家都有回家的渴望，但現實上老人家因為健康問題，又加上日本居所的狹小，的確難以用數代同堂的方法一起過活。所以她強烈建議原屋老家應由老人居住，而子女則在鄰近之處覓新居，一方面老人家不易適應新環境，所以老家舊居可予安全感，同時子女在不遠處又可以方便照顧。如果一定要搬離家所，她就建議入住為銀髮族而設的老人公寓，因為在可以保留私人空間之餘，還有餐廳之類的公眾空間，此外用餐及打掃等日常事務，又可以與其他入住者互相配合，簡言之就是可以保留尊嚴地適切自在地活下去。

而她也強調在老人公寓，另一個特色是可以尋找不同嗜好的同道中人，令晚年生活更加充實。事實上，即使是已故的日本思想家吉本隆明（吉本芭娜娜之父），他在剖析老人問題的著作《不老——新世紀銀髮生活智慧》中，也曾強調未來照料老人的職責，應盡量由老人負責——他的意思是由健康情況良好的老人家，去照料其他稍為不方便的同輩，一方面彼此可以互相了解所需，同時前者又可以建立老有所為的成功感，屬一舉兩得的妙法。

事實上，除了日本外，德國也為老人提供 speed dating 的服務，但目的不是為他們尋找感情上的伴侶，而是為老人家建立同好會，嘗試透過網路為老人家建立不同興趣的小組，好讓他們可以充實晚年的生活。

《東京傷情故事》的老人頌歌

回頭說來，日本社會的有趣地方，就是往往正反兩面並存，令人有廣闊的迴旋空間。上文一直提及日本人口老化的沉重社會問題，但現實中流行文化又不忘對日本老人作出正面頌歌刻劃，從而建立老人的自信及價值。

日劇《東京傷情故事》正是相關產物，原自為獨立的特備劇集，於二〇一四年十二月三十日在東京電視播放，後來口碑及反應不俗，於是在二〇一六年的一月至四月期間（四月九日播出最後一集〈不忍之戀〉）播出連續劇版本。劇集以曾經結過三次婚，但目前是獨身的和菓子店東主久留里卓三（吉田鋼太郎）為主角，他雖然已五十來歲，但仍然對戀愛充滿憧憬，而劇集的構成就是每一回在他身邊，都會出現一名不同風格的女性，由亡友之妻、夜店小姐到女大學生等，都和他發生似是而非的感情關係，當中借此從不同角度肯定熟男（老男）的魅力——細心、溫柔、充滿智慧及風趣幽默等等，可以說是為老人家全面打氣的強心針日劇。

當中每一回更以地名來貫穿，如「柴又之戀」、「人形町之戀」及「押上之戀」，既以此為當集場景，同時又利用卓三的人生閱歷，以導遊方式為當集的女伴，提供指點遊歷的服務，從而勾勒出一種永井荷風式的東京散策魅力。由此可見幕後團隊的細緻用心，而老人的晚年生活，從來也是一體兩面，不過是看你從哪一個角度去切入而已。

日本的不倫社會學

我們從日本的流行文化中，時常看到日本的「不倫」（即外遇）文化甚為普遍，似乎早已成為社會生態之一。但認真研究及探討日本「不倫文化」現象的專著卻不多見，坂爪真吾的《率先河的不倫學——作為「社會問題」的思考》可謂正好填補了此一板塊的空白位置。

史上最易「不倫」的社會？

首先，坂爪真吾開宗明義交代，針對的僅指已婚者和第三者擁有抱持戀愛感情的肉體關係，而此關係在雙方共同意志上持續發展及共享為基礎，再以他們為目標人物去審視有關現象。所以一切如一夜情或性風俗所牽涉的買春行為，都不在「不倫文化」架構之下。

而他指出二〇〇七年由日本性科學會及性別研究會編著的《身體與心情——單身版》中，訪問了在關東居住的四十代至七十代的單身男女共一千八百三十八人，當中單身男性有

42%、單身女性有38%表示他們均有性伴侶。當中更進一步指出男性有21%，女性有53%的性伴侶，都是已婚人士，可謂從側面反映出「不倫」問題的普及性。

另外，據雜誌《PRESIDENT》及「Google Search」在二〇〇九年的報告，透過針對日本全國四十代至六十代的已婚男女為目標所進行的網上調查顯示（有效回答人數為：丈夫有一千六百零二人；妻子有一千六百零六人），有婚外情經驗的丈夫為34.6%，妻子為6%。而在前者當中，有28.7%擁有兩次以上的「不倫」經驗，可謂出現常態化的傾向。更為甚者，在六十歲以上的丈夫群組中，竟然有10.5%指出超過十一次以上，由此可見婚外情可視為他們內化了的生活模式之一部分。

坂爪真吾指出目前的現代社會，可說是史上最方便的「不倫」社會，因為手機的普及，讓大家可以利用大量的SNS渠道，結識「不倫」對象及保持交往。以前的「不倫」文化，往往還保留一定程度的「援助交際」色彩，即通常是由男方付出若干的「生活費」，來資助及補貼女方。但據剛才提及的《身體與心情——單身版》顯示，沒有接受任何援助的又參與「不倫」的女性，已高達整體的74%；至於仍接受全面經濟資助的，已僅剩下3%，由此可見作為參與「不倫」活動的經濟成本，早已大幅下降。日本被稱為「不倫天堂」，也非空穴來風。

「不倫」的法律成本

有趣的是，不少人對「不倫」的法律責任往往也不甚了解，甚至認為此乃日趨普遍的社會風氣，也沒有什麼社會風險及法律成本可言。可是，現實上在日本法律上，卻並非抱持相同的看法。

在日本法律上，「不倫」屬不貞行為的一種，是民法上的不法行為之一。而不貞行為是指一切沒有忠實履行一夫一妻制中的貞操義務的任何活動，通常裁判官會詮釋為擁有配偶的人，透過自由意志，與配偶者之外的異性發生肉體關係。而不貞行為的範圍，除了性交之外，也包括口交及愛撫在內。當然，接吻及擁抱等則不在此限，但具體的界定仍需接頻率及處境來加以判斷，所以從動機出發去考慮是一個關鍵因素。

而受害者的一方，可以透過民法七〇九條，針對夫婦和平共同生活權利被侵害為理由，向配偶作出金錢索償。但若要成為離婚理據，則要證明配偶並非一次，而是多次有「不倫」行為才可以成立，另外涉及金錢交易（非自由意志而出現）的買春行為，同樣不可以成為索取補償金的理據。

這一種補償金，在日本名為「慰謝料」，金額並沒有固定的條文規限。一般而言，要視乎「不倫」者有沒有過失行為、交往期間肉體關係的次數、「不倫」者的經濟能力財政狀況、職業及社會地位，乃至受害人的精神及肉體的痛苦程度等多種因素綜合起來才作出裁決。而日本民法的判例中，「不倫」者除了要向配偶付「慰謝料」外，甚至也要支付給「不倫」的對象「慰謝料」。事實上，這一種判決也不無爭議性，但目前來說一般而言，支付給「不倫」對象的「慰謝料」大約為一百至兩百萬日元，而支付給配偶的大約為三百至四百萬日元上下。再加上法律訴訟上所涉及的律師又或是搜證等成本，所以「不倫」行為從社會學角度而言，其實是一項絕不便宜的「經濟活動」。

誰是「不倫」者？

據統計顯示，原來容易發生「不倫」關係的人，也的確在成長條件、學歷及職業等因素上，有一定的區別差異。通常而言，男性好奇心強，再加上藝術性及創造性又較高的話，性格較為鮮明的，都屬於「不倫」關係的高危一族。從職業上來說，藝術家、演藝界人士、公司員工及經營者等角色身份，大多都較易會有「不倫」行為發生。

女性方面，通常積極性及毅力較為薄弱的，從來不擅長於作出計劃，生活態度走一步算一步，做人也沒有甚麼誠信可言的類型，正是最容易發生「不倫」關係的人。

而男女雙方都有一個共通特色，就是都是屬於擁有強烈自戀傾向的水仙花症特色，大抵也屬不言而喻的因由吧。

當然，進一步而言，坂爪真吾指出男女性別對參與「不倫」活動，還是有一定程度的差異存在。簡略而言，男性往往是以性慾為先的態度來投身「不倫」行列，即使是一名好爸爸，只要提供難以抗拒的色慾誘惑，大部分都難以自制而埋首於「不倫」的情慾深淵。反過來而言，女性比較慣從對方為先的態度，決定是否參與「不倫」活動，也即是說對方是誰，是一個非常重要的關鍵因素——也即是並非任何人都可以成為「不倫」的夥伴，而是決定於與對方的關係深淺才作出自己的選擇。

以上正是以一種較為抽離的客觀角度，去審視社會上的「不倫」問題。也由於「不倫」課題容易引起道德反響，所以旁觀式的分析態度，不妨也是一種可以較為冷靜清晰綜觀全貌的切入方法。

「性」格差社會的苦海無邊

日本一向予人是性開放印象的國家，但現實的情況可能與流行文化建構的印象有一定差異。經濟學家門倉貴史在《性格差社會》中，指出日本因社會及經濟地位的差異，因而衍生出來的性經驗不平等情況，早已構成社會問題，他指出日本社會目前的「中年童貞」者日益增大，一直置之不理的話，未來或許會進一步演化成為更嚴重的社會問題。

高收入者的深淵

當然，從一般人的角度而言，收入不穩定至低收入人士，在性經驗上處於劣勢位置，乃理所當然的推論，因為他們社經地位的不利，自然難以吸引異性的青睞，甚至連透過經濟消費去買春也構成一定的財政壓力，所以成為性格差社會下的受壓人士，也顯而易見。

可是，原來在日本社會中，即使是高收入的一族，他們也是性格差社會下的「難民」。

此話何說？門倉貴史指出現在日本的企業生態，為了提升競爭力，大部分均從人事資源上去削減人手，務求令成本下降。而最直接的方法，就是去抑制正規社員的比例，改而採用的合約（約聘）員工去減省支出，以及削減福利上的開支。所以大部分企業的正式社員，工作量均陷入惡性循環的階段，越升職就更加墜入長工時的職場深淵中，個人的休閒時間被侵蝕殆盡。事實上，對這一批長期需要加班工作的上班族而言，下班後拖著疲憊不堪的身軀回家，要再有心情與伴侶以性戲耍樂，不僅是癡人說夢的想像，能夠稍微補充睡眠以便明天作戰，幾乎就是奢侈不過的期盼，也正因此他們的性生活自然可以乏善可陳來形容。

日本大學人口研究所與世界衛生組織（WHO）於二〇〇七年所進行的「關於『工作與家庭』的全國調查」顯示（以日本全國男女共九千人為對象），在過去一年來夫婦之間完全沒有性生活的，佔整體人數的24.9%以上；意思是凡四對結婚的伴侶中，就有一對是處於無性生活（sexless）的狀態。而據日本性科學會的定義，如果一對夫婦以一個月以上沒有性生活，就界定為處於無性生活（sexless）狀態的話，那麼現實中日本約有44%的夫婦屬於當中的一份子。

更為甚者，以上的數字都有下行化的趨勢，也即是說好像愈來愈多年輕的伴侶都受到以上問題困擾。剛才提及「關於『工作與家庭』的全國調查」的數字顯示，二十代的無性生活夫婦為7.2％，而三十代為14．4％；一旦據日本性科學會的定義分析，更會上升至二十代為18．6％及三十代為34．2％的驚人數字。

當中最重要的啟示，是男方的收入愈高，則夫婦之間的性生活就呈反比狀況。以MDRT日本會的調查為例，夫婦之間的性生活若結合經濟收入的資料比對（對讀），會發現男方年收在三百萬日元以下的，每月夫妻的性生活為二．五二次；一旦提升至五百至六百萬的水平，則下降至一．八三次；若再提升為八百至一千萬的水平，則會進一步下降至一．四七次。

所以高收入的性苦海不言而喻，長工時加上沉重職場壓力，除了令休息時間大減外，也促使更多人透過煙酒來紓緩，反過來影響健康，當中也造成對性慾減退的直接傷害。

敲響過勞警鐘的三十代

在一眾高收入組別的男性中，門倉貴史發現三十代是最受影響的族群。首先，在日本總務省於二〇〇七年所作出的「勞動力調查」中，發現男性正式社員，每週工時超過六十小時的人，全國達到五百七十九萬人，他們可以說每天都在加班工作。

而按年齡世代進一步加以審視區分，會發現三十代全職的男性正社員，平均有22％每週的工作時間在六十小時以上（二〇〇七年數字），較其他世代組別的男性均來得更嚴重。三十代的男性正社員不少屬於剛晉升為中級管理階職的上班族，面對的處境可以前後夾擊來形容——一方面固然要努力爭取表現，希望可以爭取再向上爬的晉升機會；同時又要令下層信服，表現出新升職人士的魄力及眼界。所以三十代的過勞人士，在各世代的組別層中，屬於承受最嚴重精神壓力的族群，二〇〇七年據厚生省的資料顯示，三十代被判定為因工作關係造成的精神障害勞動受災，高達一百宗，自然可說已敲響了警鐘。

有趣的是，據國際勞動組織（ＩＬＯ）針對十二個先進國家所進行的調查顯示，只要每週的工作時間下降，每年的性生活次數就會有明顯的提升。從科學化的角度分析，以一個三十五歲體重六十公斤的男性為例，踢一場四十分鐘的足球所耗的卡路里為兩百六十六，而二十分鐘的游泳是三百八十，而性行為所消耗的卡路里大抵與劇烈運動相同。所以根據一次性行為的消耗為本，置於早已疲憊不堪加班後回家的三十代中層管理人員身上，性行為幾乎諷刺地成為「不可能的任務」。

事實上，以上的調查顯示日本人每週的實際勞動時間為四十二小時，在十二個國家之中排首位；而平均的年均性生活次數是四十五次，反過來排名最低。由此可以清楚見到工時長短與性生活頻率的直接連繫，門倉貴史進一步指出，若從數字上作出推算，只要每週工時下降一小時，年均性生活數字約可上升六・三次。一旦把日本人的勞動時數由四十二小時，下降至如荷蘭（每週工時為二十九・七小時）的水平，那麼日本人的年均性生活便可回升至七十七・四次了。

以上正是從高收入者的角度出發，去審視他們同樣屬於「性格差社會」中受害人的事實，所以在過分發展的都市生活文明圈中，無論屬於高或低收入的族群，其實都同是天涯淪落人的可憐伙伴。

10月
狩猟解禁。
モンスターハンター4のセーブデータがほぼ引き継げる!
羽生 結弦
特技:ジャンプ
「モンスターハンター4G」
パッケージ版5,800円+税
ダウンロード版5,546円+税
CAPCOM
TSUTAYA
大阪府南警察署
STARBUCKS COFFEE
TSUTAYA
新しいTSUTAYAを一緒につくりませんか?
10月23日(木)~29日(水)
900円
FOREVER 21

飲
(88F9)
食
(9048)
大
(91E5)
義
(8B60)

男廚神文化的歷程

男廚神在各地的流行文化中，早已蔚然成風。除了大家耳熟能詳的 Jamie Oliver 外，在日本也不斷有一代接一代的銀幕男廚神出現，成為電視節目中的常勝軍必備元素。《SMAP X SMAP》中的限時廚藝比拼環節，早已成為了日本人鍾情投入的心愛節目，每次由中居正廣作主持，然後邀請嘉賓上來點菜，剩下四人則分成兩隊在限定時間內完成料理，最後經嘉賓品嘗後再決定勝方。當中除了廚藝上的比拼，不時還有別出噱頭的融入，例如會請嘉賓即時代入某指定身分角色去進行試菜，令觀眾看到不亦樂乎。而 SMAP 當中，個人認為木村拓哉的廚藝也最有苗頭，是最有功夫及性格的一個人。

由 MOCO 回到傳統

縱使今天 SMAP 的影響力已大不如前，但日本流行文化上，男廚神的建構以及相關節目，其實從未間斷。新一代型男速水茂虎道，除了是炙手可熱的偶像派男優外，他主持的下廚節目《MOCO'S廚房》由二〇一一年開始，迄今仍在熱播之中，早陣子節目登陸香港的收費電視頻道，他親自來港宣傳，同樣得到不少狂熱粉絲的支持擁戴。

當然以上的男廚神文化，一旦我們回溯日本歷史，其實也可以梳理脈絡窺出端倪來。竹內由紀子在〈烹調與性別〉一文中，指出是男是女入廚，一直深受歷史、社會及文化上多方面的元素影響。一般人抱持女性入廚，男子不入的習尚想法，一旦認真對照文獻資料，便會得出更精準的看法。

竹內由紀子舉出日本民俗學會所作的「飲食習慣調查」資料顯示，針對由一九四一年至一九四二年在不斷縣郡下的村落作出的研究，當中受訪的五十八個村落，其中有五十個都有以下的共同特色，男性出任廚師的場合，為：①農曆的正月料理；②祭祀宗教場合的料理；③婚禮葬儀場合的料理；④殺魚屠獸的大場面。

背後其中一個原因，就是因為女性是不潔穢污的象徵，所以涉及祭祀宗教層面的烹調活動，就把女性排擠出去。當然這也不是獨特的情況，即使在烹調文化以外，例如日本的靈山又或是相撲比賽中的土俵，同樣因女性不潔而把她們排擠出去；而所謂不潔，與先天上的生理經血自然有密切關係。不過有趣的是，部分祭祀活動的廚師角色把女性排除，原因有時候與不潔無關，反而是因為祭祀的對象為女神！部分漁村中的川神為女神，例如有守護船隻的「船靈樣」，她們對有其他女性闖入自己的領域產生反感，於是不許女性涉足於祭祝的料理活動云云。

一旦回溯日本歷史，最早的專業男廚師，應首推在《日本書紀》中記載的磐鹿六雁，在景行天皇出巡至千葉縣時，磐鹿採用當地食材煮成美食，天皇頓生好感，於是委任他出任「膳大伴部」一職。後來在奈良時代末期，負責天皇日常飲食的「內膳司」高橋與同僚安曇出現地位爭逐之際，也強調自己是磐鹿六雁以自抬身價。在古代中，宮中料理又或是為天皇而設的料理，由男性廚師出任已有明文的記載說明，至於在民間則沒有明確記錄。後來，廚藝的地位逐漸升格為一門藝技，而各大貴族階層，為了在客人面前「耀武揚威」，往往把各式食材如魚或野鳥等紛陳，再由廚師即席下廚製成不同料理，於是廚師的地位日漸提升，而男廚師的地位更不可動搖。

時至今日，日本的飲食界中，男性廚師仍佔壓倒性的比例。就我個人於留學期間的兼職經驗而言，當年在御徒町一所日本餐館打工，廚房內的七人組，也只有一位負責煮物的員工為女性而已。

《武士的菜單》中的廚師武士

我認為在日本流行文化中，對廚神文化有最深刻及動人刻劃的，首推朝原雄三導演的《武士的菜單》（二〇一四）。《武士的菜單》借小春（上戶彩飾）教導安信（高良健吾飾）成材的經歷，交代在逆境中如何維護及保存家系名聲尊嚴的重要性。當中既表明男性廚神的地位，在貴族高門中的重要角色，當中的承傳也牽引出沉重壓力。另外，也從側面為女料理師平反，突出她們可能不過隱身於男廚神的背後，擔任默默耕耘的不顯眼角色，其實才華一直得不到應有的肯定。

事實上，《武士的菜單》中的確蘊藏不少料理趣味，大部分觀眾都會視後段的「饗應料理」為高潮，電影早借舟木傳內（西田敏行飾）口中，把「饗應料理」的由來加以說明：此乃加賀料理的名宴，原為平民菜色，後來受唐菜影響，於是經精心琢磨後成為「饗應料理」，可與懷石料理匹敵。電影中展示的菜色如「霜降鱸魚」、「雪花蒸鯛魚」、「展翅野雞刺身」等眩人耳目的色香味俱全菜色，自然足以令人看得食指大動。難得的是，在菜色的鋪排上，其實也看到編劇上的前後呼應。先前安信連簡單的「田樂豆腐」也應付不來，結果在「饗應料理」則以「田樂飽魚」來挽回名聲，可見創作人對細節的重視留神。

不過於我而言，《武士的菜單》對食物的情意，其實清楚地投放在繁簡兩端——那就是柿餅的功能。我認為全片最動人的食物刻劃，在於柿餅上。柿餅的出現，先見於小春探別真如院（夏川結衣飾）的場面，她當時已屬階下囚，被處決不過為時日之事。小春帶了柿餅去探訪真如院，那是她故鄉能登的風味名產小吃，令真如院臨終前得到安慰。後來在小春陪同安信踏上能登搜尋食材的旅途上，她終於見證到真正的柿餅製作過程，而安信當時仍完全不以為意。創作人正好借柿餅的象徵，來串連起背後的人情。小春在能登路途上找到柿餅的真身，而安信後來在各地遍尋不到離家出走的小春後，最終也是要回到能登之路，在岸邊小店才覓到小春蹤影。簡言之，一旦把兩者加以對比，「饗應料理」是用來揚名立萬的工具，而柿餅才是人心牽連的溫婉寄託憑依。

廚神有情，我想就是日本流行文化中，對廚神文化的建構底蘊。廚藝可以修煉，但那仍屬技藝層面的深造；更重要的是精神領域的內涵，明白人情世故，才可以真正成就出獨當一面的男廚神來。

居酒屋的文化魅力

不少人到日本旅行，不免會光顧一下居酒屋。這種酒場文化，可說頗為獨特——於華人而言，喝酒似乎從來不需要與晚餐區分開來，好像在一所餐館便可以統一整合；一旦到了夜場續攤，又變成了另一回事。西方的 Pub 文化也是，無論在中西的夜場文化中，吃什麼從來不是正事，而且也以熱烈喧鬧為正色，好像酒的作用就是用來遣興，所以必須氣氛熾熱才是眾樂樂的品酒之道。當然，日本居酒屋作為大眾酒場的樣本，自然而然也有以上功能，而外國遊客到日本去體驗居酒屋文化，不少也挑上了連鎖店（如白木屋及和民等）作嘗試，可謂「正中下懷」而感受不到真滋味。

居酒屋作為「第三場域」

想不到對居酒屋文化念念不忘的，反而是一位老美日本通 Michael Molasky，他的《日本的居酒屋文化——赤提燈的魅力探索》是名副其實的居酒屋社會學著作。所謂赤提燈即紅燈籠，日本傳統居酒屋大多會把紅燈籠掛在門外，以示正在營業，而燈籠上大多書寫上店名作為識別及招攬之用。他認為具備真正日本居酒屋風格的店舖，通常均會有「赤提燈」作標記，與此同時還有以下一系列的共同元素：一是價錢及門檻均不高；二是主要以日本國產的啤酒及燒酒為主，現在因為時勢，加上了威士忌及其他洋酒的店舖也不少，但在一些古典酒場中，仍有只供應樽裝啤酒及日本酒的原教旨主義式居酒屋；三是一切佐酒物均以和式小食為中心；四是酒類及佐酒小食大體上以平衡為本，不會過分偏重於一端；五是大體上以個人經營為主，也即是店長或店主的個性，會主導及左右了居酒屋的氣氛及客源。他所力陳的特點，大家不難發現，那根本上就是一種《深夜食堂》式的居酒屋風格。

是的，當中強調的是一種以人為本的風格，而此風格的構成，背後也有社會學的理論支持。簡言之，日本的居酒屋文化，是一種「第三場域」的概念展現。在西方的都市社會學中，Third Place 自然針對第一及第二場域而來，前者指家庭，後者指職場，而第三場域就是指具備「在家」（Athome）氣息的流連場所，那正好就是居酒屋的存在功能。

在研究「第三場域」的社會學名著《The Great Good Place》中，Ray Oldenburg 早已指出美國自二戰之後，因為飲食店文化的貧乏發展，令傳統上飲食店作為「第三場域」的功能消失——他以巴黎的Cafe文化、英國的Pub文化及德國的Beer Garden文化為對照，簡言之是以一種歐洲vs美國的文化觀來切入分析。而Michael Molasky則認為若以日本的居酒屋文化作為東西對照，「第三場域」的空間歸屬說明會更清晰。因為日本上班族絕大部分均非駕車族，通常利用公共交通工具，而他們在下班後，除了工務上的應酬上，多不會在公司附近地方流連。與此同時，他們亦不會光顧在居所附近的居酒屋，理由大部分都是不想遇上公司同事又或是居所附近的鄰人，於是大都會在回家途中的某一車站出閘，找一所稱心如意的居酒屋作為自己的「第三場域」。

Michael Molasky認為最能代表現代日本人「第三場域」空間——應以掛上「赤提燈」的居酒屋之櫃檯為代表。是的，居酒屋的櫃檯位置，往往都是被獨自前來的顧客佔據，但他們現實上又不是一個人，又或是準確地說在居酒屋內不會有感到孤獨的顧客。作為每週有大致出沒規律的顧客而言，基本上作為常客，已可預知在店內大約會遇上甚麼其他人。在相熟的店內，客人甚至早已進入半自助模式，當然下酒小吃自然仍要麻煩店主，但在冰箱中拿啤酒，又或是毛巾之類，往往可以自發而為，也即是前文提及的「在家」感的體現。

更為重要的，作為「第三場域」的居酒屋內往往可以保留一個人完整的身分。在居酒屋沒有人會交換名片，彼此在什麼職場打滾並不重要，遑論職位高低，當然更不用理會是誰的父母又或是丈夫，簡言之就是可以擺脫各種角色的羈絆，去做回真正的自己。也由於顧客之間保持似有若無的連繫感情，所以一旦遇上有一段時間不見了的顧客，最常見的搭訕口頭禪是「嗯，好久不見，發生了什麼事，還以為你死了！」那正是一種若即若離的關心態度——不能直接說，也不可過分熱切，才可以保持「第三場域」參與者的自在空間。

《老師的提包》之人生況味

我認為最能突顯出以上的居酒屋特色，是川上弘美的超暢銷純文學小說《老師的提包》（二〇〇二，日文版銷量已超過十五萬本）。小說講述大町月子在街角附近的居酒屋，重遇過去的國文老師松本春綱後，逐漸開展了一段澹泊得來卻又難捨窩心的忘年戀。唸書時期本來月子並非起眼的學生，兩人的關係也毫不密切，但重遇後，老師的存在卻好像在散發溫暖，令月子擺脫不了那溫柔的氣息。

川上弘美挑選了一所居酒屋的小酒場作為關係發生的起點，正好心思細密。正如剛才所言，作為「第三場域」的居酒屋，從來都不過問來客身分地位，所以一段忘年戀才得以成形開花。更有趣的是，若即若離的往來是「第三場域」的潛規則，所以顧客何時而來，何時而去，不可能有預先約定，否則便破壞了當中的守則。在小說中可以看到作為第一人稱的月子，只能不斷在酒場出入，去期待遇上老師的好日子。更精準的是，在所謂的交往中，正好配合「第三場域」的特性，瀰漫濃烈的曖昧氣息。此所以雖然在酒場外，月子與老師曾在舊同學的聚會以及遊山的活動中有接觸，但其實也一直弄不清老師的情意及態度，只能一直心如鹿撞般思前想後，把似有還無的「關係觀」，具體發揮得淋漓盡致。

我認為《老師的提包》可看成一本居酒屋小說。在月子與老師品酒，上山，煮菇，乃至回母校賞櫻等零星的片段中，逐漸醞釀出一種慢活安閒的哲學來。仔細一看，連小說的節奏經營也貫徹相同旨趣，小說九成以上的篇幅著墨的正是兩人互相試探的階段，直至最後一章的後半才提及老師在重逢的兩年後，才提出要「正式交往」，而三年後老師離世了，小說也戛然終止。那正是一種夢幻式的筆觸思維，把如花以霧的片段速記，結果即終局也即夢醒，表面上好像只屬獨特的戀愛小說設定情境，實質卻蘊藏豐盈的人生況味。

那種人生況味，大抵就是居酒場醞釀生成的氣息了。

咖啡市場的浴血戰——在經濟不景氣下的求存法

日本的確是咖啡大國，我也曾提及連鎖品牌如星巴克及DOUTOR COFFEE都創下理想業績——據二〇一四年的資料，星巴克排首位，營業額高達一千一百六十五億兩千五百萬日元；DOUTOR屈居次席，也有六百四十六億一千一百萬日元。但是一旦仔細參詳審視下去，便會留意到咖啡市場其實危機四伏。

回家喝咖啡

高井尚之在《CAFE與日本人》中，引用了「全日本咖啡協會」所作出的調查報告，對象由中學生至七十九歲的成年人，內容是針對以飲用場所以區別劃分的每人每週咖啡杯數，結果發現數字的變化是頗為驚人的。

年份	合計	家庭	咖啡店	餐廳或快餐店	工作場所或學校	其他
一九八三	8.6	5.1	1.1	0.1	1.7	0.5
二〇〇二	10.03	6.27	0.34	0.14	2.5	0.76
二〇一二	10.73	6.85	0.21	0.11	2.56	0.93

相信大家都不難發現，咖啡作為一種日常飲料，的確在過去三十年間，成功地深入民間，與日本人的飲食習慣融成一體，每人每週的飲用杯數明顯有上升的趨勢。可是從另一角度而言，統計資料也清晰反映出不少人的飲用習慣，逐漸把消費咖啡的場所，由咖啡店逐步轉移至家庭去，當中正好見到咖啡市場的危機所在。

以上的情況當然與日本社會的不景氣有直接關係，高井尚之指出據日本傳媒的經濟分析，近二十年來普遍的日本人的收入其實並無增加。民間上的一般津貼平均減少了13%，而每一個家庭大致的平均所得則下降了7%，因此大家更需要在生活上的日常支出加以減省。

事實上，早有調查指出日本上班族可用的零用錢，與泡沫經濟時期相比，已下降了一半之多，所以他們開始從減少午餐外食，盡量自攜便當上班以削減支出，媒體更以「千元亭主」（只用一千日元的一家之主）來命名他們，反映出生活拮据的處境。

既然是連主餐都開始節省，那麼咖啡作為「奢侈品」又怎能獨善其身？據稱連在廉價的日本大型連鎖牛肉飯店吉野家中，連一杯二百日元的咖啡，光顧的數量也大不如前。至於專攻午餐輕食市場的咖啡店更加苦不堪言，過去不少男性上班族便在吃完午餐後，再到咖啡店享受一杯美味咖啡才回去上班，現在早已成明日黃花。許多咖啡店為求生存，都會提供約八百日元的午餐套餐並包含咖啡，可是與快餐店式的連鎖店相比，似乎價錢仍算「高人一籌」！

便利商店咖啡

既然出現以上窘境，大家唯有在有限的市場空間內，以不是你死就是我亡的心態，來一場垂死掙扎的浴血搏鬥。首先脫穎而出的應算是便利商店的咖啡市場，二〇一三年的《日經MJ》的市場調查指出，「SEVEN CAFE」成為「東之橫綱」，簡言之就是7-11便利商店的咖啡成為日本市場上的龍頭商品。當中正好完全針對日本上班族一方面咖啡成癮，但同時阮囊羞澀的苦況，於是7-11推出熱咖啡每杯只售一百五十日元，而冰咖啡則是一百八十日元，且客人只需跟店員結帳，便可以完全自助，符合現在都市節奏的消費模式。

7-11推出「SEVEN CAFE」的第一年，銷售杯數已突破四億五千萬杯，以每杯一百日元作粗略計算已有四百五十億的市場，可說是窮則變變則通的具體說明例子。7-11成功之後，其他便利商店也開始急起直追，例如日本便利商店的二哥LAWSON於二〇一四年四月便在全國推出「MACHI CAFE」，希望分一杯羹。日本便利商店的老三FAMILY MART（全家便利商店）在二〇一二年九月其實早已就有設置櫃台咖啡，但聲勢上遠遠不及對手，於是在二〇一三年十一月重新包裝上路，以「FAMILY CAFE」的品牌與對手再一決雌雄。凡此種種，均可見在市場競爭趨向白熱化之時，彼此進入生死存亡的死鬥階段。

其他咖啡的求存法

除了新拓展的市場外，原來的咖啡既有途徑，也不斷精益求精以圖生存下去。傳統上，罐裝咖啡一向佔有市場上最大比例的營業額，但自從便利商店咖啡大放光芒後，罐裝咖啡的收益已一直下降，但即若如此，二〇一三年仍有七千三百九十億的市場，仍佔整體上的七成。

一直以來，日本罐裝咖啡的龍頭為GEORGIA（日本可口可樂），老二是BOSS，一直以來銷量客源均以男性為主。而GEORGIA自八〇年代開始，以飯島直子為代言人的一系列「治癒系」名篇電視廣告，更以撫慰男白領及藍領為目標，後期發展上的性意含更日益明顯，早已確立了固定形象。但面對市場的轉變，兩者的廣告均開始滲入吸納女性消費者的意識，企圖扭轉罐裝咖啡僅屬男性的定型觀念。甚至即使在男性市場上，針對一些體力勞動者的工作狀況，也積極開拓無糖及微糖的罐裝咖啡市場，希望可以回應社會上追求健康的風氣，而同時以低脂肪作招攬，讓他們可以一天多罐，增加消費量。

最後也可一提，連「條裝咖啡」也因為專攻廉價市場，所以在經濟不景下也因此受益。AGF（味之素）是「條裝咖啡」的龍頭，自二〇〇二年推出「BLENDY」品牌後，到目前據聞市場規模已達三百三十億日元，同樣算是表現不俗。

而據他們的發言人指出，過去「條裝咖啡」的銷售基本上僅集中在春、秋及冬三季，夏季中差不多完全滯銷。現在經過口味上的調節，且摸索出加冰後的美味口感，夏季的銷量已開始回升。與此同時，又加強針對家庭主婦作為重點宣傳對象，讓她們覺得「條裝咖啡」是完成家務後，給自己放輕鬆的小禮物！因此成功打入家庭市場，回應上文最初提及的統計數字中，日本人在家飲用咖啡的數字日益上升，當中便可見到「條裝咖啡」的成功市場策略。

是的，面對嚴峻的生存環境，也唯有自強不息才是求存之法。

燒鳥店的進化史

提起日本料理的各式店舖，作為遊客往往會忽略了道地的燒鳥店，也即是以雞肉串燒為主打的串燒料理店。從另一角度而言，大抵也會因為忽略燒鳥店而錯過日本庶民的民俗風情，因為燒鳥店及居酒屋，可以說是日本平民最為日常化及喜愛流連的飲食場域，如果對此沒有接觸及一定認識，也很難說了解到日本風情的梗概。

庶民為主的第一次燒鳥熱潮

當然我也明白，因為燒鳥作為料理的品位，往往不能登堂入室，只不過是市井之徒裏腹之用的廉價下酒物，所以對遊客而言自然吸引力不大，甚至會望而卻步。

可是以上看法只不過是事實的其中一面而已，回頭重溯歷史，日本於戰後時期所謂的「燒鳥」，往往僅屬雞肉及肉臟串燒的結合代名詞，基本上也沒有嚴格認真的區別，首要原因自然是因為雞肉仍屬奢侈品，不可能大量地以低廉價錢供應市場所需。直至六〇年代，才出現第一次的燒鳥熱潮，是因引入了「肉用雞」（Broiler）的品種，此品種並非用來下蛋生產，而是透過飼料的調節，來縮短牠的生長期及增加肉質的比例成分，以供應市場上對雞肉的龐大需要。而自從日本的飲食界從美國把「肉用雞」、飼料及一系列需要的生產流程處理機械引入後，於是平價的雞肉料理便開始流入市場。燒鳥店終於可以名正言順起用真正的雞肉作串燒之用，而不用再掛羊頭賣狗肉以其他肉類的內臟頂替。而專營外賣的連鎖店「鮒忠」，更在自己的網頁內聲稱自己的創業者是「燒鳥之父」云云，強調正是它們把「肉用雞」用於燒鳥料理的業界內，因而使燒鳥得以大為普及，甚至在二〇〇七年發起把八月十日定為燒鳥日的呼籲，可說充滿市場商業的頭腦。

所以日本的六〇年代至七〇年代為止，一般均認定是第一次燒鳥熱潮。當然對象也以庶民為主，而燒鳥店的形象也是以廉價的飲食酒場示人，走大眾普及化路線。

雞肉種類為重的第二次燒鳥熱潮

到了八〇年代的泡沫經濟期，日本便進入第二次的燒鳥熱潮年代。當中的變化，必須從所採用的雞肉種類說明開始，這方面土田美登世在《燒鳥與日本人》中有詳細的闡述。

八〇年代開始，隨著日本經濟高度增長，市民口袋中閒錢日多，自然也同時提升了對生活各方面的素質要求。在雞肉方面，八〇年代日本本地開始有地雞及銘柄雞的登場，日本雞主要分為地雞和銘柄雞兩大類，前者約八十日至一百日大，採用自由放養的方式，肉質實淨及雞味較香濃。至於銘柄雞，是人工飼養、約四十日至五十日大的雞隻，由於體形纖小，肉質會較嫩滑。養法不同，採用的飼料亦五花八門，而不同縣市下還細分不同品種，單單是宮崎縣，已有十多個不同品種。簡言之，就是出現高品質的本地雞種，而且牠們均布全國相關組織的認證，從而確立高質雞的江湖地位。與此同時，亦在外國引入高級雞種供食用，當中以法國的黑斯雞（Volaille de Bresse）最為著名，這些都說明了提升燒鳥店品位的努力。

當中，土田美登世指出第二次的燒鳥熱潮年代，以一九八七年在阿佐之谷開設的「BIRDLAND」為象徵標誌，老闆和田利弘是茨城縣出身，而他在接受訪問時，強調店內使用的雞肉是茨城縣的地雞，因而令他的燒鳥店一時之間刮起受注目的旋風。而在不久的日子內，各地的高檔燒鳥店陸續應運而生，採用的著名雞肉產地食材，包括有比內地雞及伊達雞等，配合推陳出新的調味風格，一舉把由「肉用雞」支撐的低檔廉價市場形象一掃而空。

此時期的另一特徵，是在燒鳥店中有大量蔬果串燒的料理登場，最主要的原因是隨著燒鳥店的品位提升，同時也迅速大量增加女性客源，與第一次燒鳥熱潮期間主要顧客為男性上班族又或是藍領大叔截然不同。而女性自然而然對健康意識較為重視，燒鳥店當然也投其所好，大幅調節了食材的選擇及增加變化了。

精緻化的第三次燒鳥熱潮

第三次熱潮的出現時間大約為二〇一〇年後，隨著材料的品質提升，下一步的燒鳥店殺戮戰場，肯定便是朝個性化及精益求精的料理手法上鑽研，從而令食客會流連忘返。

土田美登世認為其中一大指標，就是一向以時尚女性為讀者對象的雜誌《花子族》（HANAKO），竟然破天荒在二〇〇六年四月二十七日推出日本的燒鳥特集。過去燒鳥特集，一般而言只會在男性化及大叔化的料理雜誌如《dancyu》或《食樂》之流出現，但《花子族》的舉動說明了燒鳥風潮已成功轉化為時尚話題，高消費一族也樂於光顧新型的燒鳥店。

在《花子族》的特集中，受訪的三百二十名時尚女性中，竟然有九成以上表示喜歡吃燒鳥，而且會與女同伴一起光顧，是她們晚膳聚會的熱門地點之一，甚至表示希望與如福山雅治性格的男伴一起光臨。受訪者現實中可否找到如福山雅治性格的男子相伴並非問題的重心，反而借此讓讀者可以明白在她們心目中，燒鳥店已升格至可與傾心對象光臨的登堂入室地位。

那，新一波的燒鳥店又有甚麼特色呢？土田美登世列舉出一系列的名店，東京的「鳥長」、「鳥善瀨尾」、「shaji」及「76 vin」等，大體上均走新型路線來吸引顧客。它們的特點有店內的背景音樂是爵士樂；裝修改為以白色為主調，一改以往串燒店以黑色為主調的陰沉形象；使用的鹽加上不同的調味在內，令口感更變化多端；部分更以紅酒為醬汁，可見構思的新穎大膽；雞肉在部位的挑選上也更加講究，如採用坊間較少見的雞腿及雞肚腩等，配上以備長炭燒製，令肉汁更豐富誘人。在各方努力之下，自然又再把燒鳥風潮推上另一階段。

從日本燒鳥店的發展史中，我看到的是一種努力去擴闊生存空間的精神。事實上，庶民化的燒鳥店在日本各地仍然俯拾即是，那是日本的道地風情，無論世界怎麼改變，日本市民都不會更改根植骨髓的飲食習慣。但燒鳥業界的成功之處，是把市場無中生有，把燒鳥風情推廣至女性甚至是時尚潮人的生活圈當中，那正是窮中生變的正面例子。

由星巴克到「星巴女」

對咖啡館（café）的追求，幾乎已成為一個國家的文明度之標誌。就個人的經驗而言，香港地少人多，咖啡館通常都空間有限，令人難以待得自在稱心。而在中國，我的咖啡館經驗主要集中在廣州及深圳地區，可是囿於咖啡的水平，空調乃至光線不足等因素，空間上的寬敞往往也難以補償以上的侷限。在尋找咖啡館的旅程上，我不諱言有哈日傾向，相對而言日本咖啡館的水平普遍較高，整體而言無論個體戶經營者，又或是連鎖店集團都有一定保證。

「星巴女」的形姿

從咖啡館的連鎖店網路而言，日本的兩大業界巨頭分別為國際品牌星巴克，以及由日本人島羽博道於一九七六年創立的 DOUTOR COFFEE，後者亦早已殺出日本國土在海外有過千家分店。我個人一向是DOUTOR COFFEE的粉絲，它一直是低消費卻品質穩定的大眾化咖啡館保證（它的咖啡定價一般而言最少比星巴克每杯便宜上一百日元）。可是從業績上而言，雖然兩者分佔營業額排名的首席及次名，不過彼此之間卻有好一大段距離——據二〇一四年的資料，星巴克排首位，營業額高達一千一百六十五億兩千五百萬日元；DOUTOR屈居次席，卻只有六百四十六億一千一百萬日元，相去幾近一倍，故此下文還是以星巴克為個案焦點審視。

或許可以從星巴克在中國及日本的發展過程加以對照引入，星巴克於一九九九年登陸中國，而日本則於一九九六年上岸，在兩地都可謂發展得勢如破竹。在中國本來與美大、統一及美心三家業者合作，但隨著市場反應熱烈，自北京奧運會後已陸續回收全國的代理權，改為直接營運。目前已經有超過一千家分店，在「星巴克中國」的官網上更表示二〇一五年以一千五百家分店為願景目標。相對而言，地域空間上完全不能與中國相比的日本，於二〇一三年的分店數目已逾一千，而去到二〇一五年更會在日本全國四十七都道府縣的所有編制區域中，均可找到星巴克分店的影蹤，受歡迎程度可說一時無兩。

高井尚之在《Café與日本人》中，直言星巴克改變了日本咖啡館文化的生態，最主要原因是大量開拓及鎖定了女性市場。要達到以上效果，主要從兩方面的渠道入手，首先是積極開拓牛奶系咖啡的市場口味，由 Caffè latte 到 Caramel Macchiato，均屬牛奶系咖啡的代表作，令咖啡的苦澀口味，以及過去由男性主導的形象一掃而空。此外，星巴克一開始進入日本，就已鎖定建立時尚品牌形象的定性方向，一九九六年首間分店位於繁華焦點的銀座松屋內，後來陸續擴充的均集中在名牌商店匯聚之地，而且不斷設置豪華的化妝間，在澀谷、六本木、青山及表參道一帶更刻意把豪華座席面向街外，為充滿自信衣著趨時打扮亮麗的時尚女性，提供一個「被看」的櫥窗化舞台效果，令都市女性的自覺度得以等比級數提升。

是的，因此在日本正好有「星巴女」（スタバ女子）的名稱出現，甚至在網上也不難找到煞有介事的都市「人種學」分析，從而去探討她們的戀愛傾向（認為她們重視戀愛的安定感，以及希望異性視自己為好女子等等），乃至獻計提醒她們要注意甚麼事項云云。我喜歡的日本暢銷小說作家吉田修一在《公園生活》的小說中，女主角最初正好被男主角及友人以愛喝摩卡的「星巴女」來形容。可是她只愛在星巴克外帶，後來與男主角認識後，才交代自己從來不喜歡待在星巴克的原因，是因為：「坐在那家店喝咖啡的時候，女客人不是會一個接一個進來嗎？那些人每個看起來都像我自己。算是一種自我厭惡吧。」

以上的小說片段，正好反映出「星巴女」已成為日本的都市符號之一，而作為創作人的小說作家更挪移當中的符號特性，從而去建構出一個既不脫流行時尚風氣，卻又保留內心獨立自主傾向的都市女性形象來。

簡言之，星巴克的文化意義，而不再僅限於一家咖啡館的品牌而已。

星巴克的變通之道

不過回頭說來，星巴克在日本也並非一直一帆風順。

速水健朗在《都市與消費與迪士尼之夢——商場化的時代》指出在二〇〇〇年後，星巴克在日本的開店數目曾經一度飆升，不少街角及商場均可見其影蹤。但商場內星巴克的生存條件日趨嚴苛，過了最初登陸日本的蜜月期後，經營上遇到的困難也不易應付。吉本佳生在《在星巴克要買大杯咖啡！》中，從消費者角度出發，展示出經過一番計算後，作為顧客其實要在星巴克消費最大杯的咖啡，才合乎消費者的經濟效益。但其實他在文中也鉅細無遺展陳了一家普通的咖啡店，所面對的店租、人工成本、水電燃料費以及原材料成本等的細項，由此可以側面說明生存上的窘境。

所以速水健朗恰好點明，自二〇一〇年之後，清楚留意到星巴克開店上的策略調整，就是由過去針對開設在商場及街角，轉而進入公共設施的空間內，如醫院及政府公務大樓（如縣廳、市役所及區役所等），由東京都內的澀谷區役所乃至北海道的道廳都可以見到連鎖咖啡店的出現，可見風氣已蔓延到日本全國。

根據速水的研究分析，他指出過去連鎖咖啡廳的開店方針，只鎖定在人流眾多上，但僅考慮此因素也令不少分店以失敗告終。而日本星巴克的焦點客源，正如上文提及是女性消費者，可是時尚女性的「星巴女」，經過在城市商貿中心的大量吸納後，總會出現飽和現象。於是日本星巴克正好把女性消費族群的概念延展出去，除了時尚女性之外，還有大量的其他日本女性，都是星巴克的潛在消費者。剛才提及的醫院及政府公務大樓，更意外地是女性聚集的場所——工作關連上的護士，探病人士又大多屬女性，以及公務機構有大量從事文職的女員工等等。尤其咖啡館所帶來的休閒紓緩氣息，更是身處這些功能性場所中的女性用家最渴望感受到的氣氛——這正是窮則變的鮮活例子說明。

所以回頭來說，由星巴克在日本「落地」的經驗來看，由衷而言頗具啟發性。過去在西方吹噓力捧「日本第一」的年代，常可看到傳媒高調介紹日本企業如何在海外市場開疆闢土的報導，「日本模式」幾乎成為國際上的熱捧對象。可是時而勢易，現在日本企業在海外已節節敗退，甚至不少已把海外分公司及工廠遷回本土，反過來國際品牌卻能夠以更實效的策略來攻佔日本市場。星巴克由先攻高薪獨立自由時尚亮麗女性的高檔市場，再進一步全面普及化針對不同檔次等第的日常公務庶民女性，充分說明了它們已掌握到「文化入侵」的成功之道——而據說，這正是日本過去所優而為之的必殺技。

動
(93AE)
漫
(969F)
剖
(9655)
解
(89F0)

Lake Suwa, photo by Fumihiko Ueno

《你的名字》的根源及意象

新海誠的《你的名字》，在日本成為超賣座的動畫，至今票房已有破兩百億日元的紀錄，屬非吉卜力工作室產出的動畫奇蹟。回頭來說，奇蹟也不是憑空誕生，或許可從現實層面，從而審視《你的名字》是怎樣煉成的。

穿越時空的戀人

新海誠在訪問中早已明言，《你的名字》的肇起始於數年前的廣告動畫《十字路口》，是Z會補習班的廣告，講述一名居於離島的少女及一名住在東京的少年，都要考升大學的考試——少女一心想要考上東京的大學，而少年也一邊在便利商店工作一邊為應試苦鬥。少年在東京上補習班，而少女因離島上沒有補習班，就以遙距的方式上補習課程，補習班的老師卻意外地發覺兩人作答時有驚人的相似之處，無論對與錯的地方同樣有接近的思維模式。終於來到考試的一天，兩人不斷在同一場景中擦身而過，直到在放榜當天，兩人終於在榜前遇上……

而《你的名字》的計劃書是在二〇一四年二月遞交的，那時候正是製作《十字路口》的期間，當時首次合作的田中將賀，也成為《你的名字》的角色設計負責人。而新海誠自言，對於兩人往後的發展，如是否有機會重逢甚感興趣，於是決定以此為據，把故事作延長演繹去探索兩人的未來。所以在《你的名字》中，不難發覺兩者的一些明確連繫，例如女主角三葉住在深山的鄉村小鎮，一心嚮往大都市的生活，對東京充滿憧憬，反之男主角瀧則是東京的學生，對都會生活早已熟悉不過。此外，《十字路口》中對離島沒有補習班，只有東京都會才有的對白場面，於《你的名字》中則發展成咖啡店的話題。三葉因鄉村小鎮沒有咖啡店悵然若失，甚至渴求到一個地步，與友人於車站旁的咖啡自動售賣機前放置桌椅，以自製咖啡店風景來聊以自娛。以上種種，都是兩者明顯的承接牽連。不過更準確的，大抵任何人也看到那不過是《秒速5公分》中，貴樹及明里兩人關係的延展，最重要是兩人最終於平交道的擦身而過，然後瀟然上路重新出發，於《你的名字》中不只是一次自我修正歷史的重新演繹。

只不過個人認為，《你的名字》在海外的迴響，與日本國內明顯大相逕庭，除了因為當中的災難意識、傳統文化背景及以治癒需求等等元素，在接受過程中有一定的期盼出入外，我想《你的名字》故事的構思本身，其實新鮮感不算太強，也是一個致命的關鍵。當然，超越時空的戀人牽連，在新海誠的系譜早已不屬偶然之舉。早在《星之聲》中，一對中學二年級的戀人，便因為美加子被錄取為機器人駕駛員，被迫參與宇宙軍的戰鬥，於是與留在地球的戀人昇便出現無形的時空隔閡。當美加子的飛行船愈駛愈遠，於是兩人透過行動電話的傳訊需時也益久，終極浪漫場面是發現美加子的一則電子郵件，費了八．七年才傳到昇的手機上，物是人非的唏噓濃烈至頂點。

而《你的名字》的浪漫高潮，自然也在於瀧發覺三葉原來早已在彗星意外中喪生，但他不甘於接受事實，於是竭盡所能希望可以和三葉連繫，從而拯救她以改變歷史。兩人超越交錯的時空，自然成為感人至深的片段。但對此的情節安排，其實在不少浪漫愛情劇中已屢見不鮮，就以一度曾膾炙人口的韓國電影《觸不到的戀人》（二〇〇〇），由全智賢及李政宰主演的催淚作，後來甚至在好萊塢翻拍成《跳越時空的情書》（二〇〇六）。而當中如出一轍的關鍵場面，就是男女主角嘗試在過去的時空相遇，卻因為其中一方當時仍未認識對方，於是出現愛人在眼前卻不相識的無奈，就如在《你的名字》中，三葉孤身一人上東京，希望見瀧一面。可惜那時候瀧仍未開始與三葉有交換身體的經驗，自然也不認識三葉，令三葉無奈及傷心地告別深愛的眼前人。至於三葉化身為瀧時，更幫助瀧與本來心儀的職場學姊美紀走近一步，令兩人開始約會，但自己卻因發覺早已愛上了瀧而心中隱隱作痛。那不就是《觸不到的戀人》中，恩樹（全智賢）為了改變男友移情別戀的事實，拜託早已愛上自己的星賢（李政宰）在過去的時空阻止她男友出國的決定，從而去改變未來的歷史，而星賢也在過程中遇上車禍。兩者的感動浪漫設定安排，可謂大同小異，所以於我而言，海外觀眾以平常心來看待《你的名字》，也屬理所當然的反應。

風景與人物的映襯

回頭說來，《你的名字》中的新海誠標記還是處處留痕，幾近俯拾皆是。首先，他對地下空間的執迷早已成癮，過去在《星之聲》中，便利用十九至二十世紀的地下都市「Agartha」的傳說，來命名劇中的異度空間。在《你的名字》中，山頂石下的地底神聖領域，也正是瀧及三葉重新接軌的關鍵場域。

此外，新海誠一向對窪地與巨大坑洞有所偏好。《秒速5公分》第一回中的雪地鞋印，又或是《言葉之庭》中的新宿御苑中間的池塘及庭園亭子等，《你的名字》中集大成地演化為因彗星殞落造成的巨大坑洞，都是明顯的相連之處。

至於《你的名字》中作為關鍵焦點的繩結，其實也是反覆出現的新海誠視覺意象。那就是《秒速5公分》中「一條煙」的形象變奏（結繩式的煙雲），也是《雲之彼端，約定的地方》之「細塔」衍化。更為重要的，是新海誠最膾炙人口的火車路軌場面，如果大家留心，其實往往也會以「結繩」式的交錯縱橫方式繪畫，從而令當中的錯綜複雜扣連意象呈現出來。

所以《你的名字》的繩結意象，絕非偶然的安排。只不過新海誠這次的考慮，除了前後產生的風景設計與人物關係的互相映襯外，更進一步用來連結古今，從而把糾結的內涵深度複雜化，這正是他把個人鍾情意象深化的一次嘗試。

新海誠的「世界系」及「美少女遊戲」命脈

數年前台灣電影文化雜誌《Cue》策劃了一個小小的新海誠專題，同時邀請了我向他發問問題。我提的其中一問是：「你怎樣理解在動畫範疇上的『世界系』風格？如何看『世界系』對自己的影響？」新海誠的回應為：「說到『世界系』，就是個人和世界之間並沒有具體描述社會細部設定之類的意思對吧。在日本網際網路為主的前幾年還常看到這個名詞，最近好像很少看到了。順著這個定義，或許《星之聲》、《雲之彼端，約定的地方》、《秒速5公分》也可以分類到世界系吧。但《追逐繁星的孩子》似乎並不符合這個定義。再者，我自己本身也對這個分類沒什麼興趣就是了。雖說像我這樣的眾多創作者，理所當然並不是為了要符合『～系』的條件去創作，但作品最後都會很直接被歸類到『～系』。再來，就算是『世界系』的作品，那也是跟我們現實生活的社會沒有關係的動畫作品不是嗎。脫離『社會』的作品越來越多的話，這也表示我們生活的就是這樣的社會，或者我們對於現在的世界只有這樣的感覺。」

新海誠似乎對「世界系」抱持一種想劃清界線的印象，我當然明白任何進取的創作人，其實心底都抗拒被定型的想法。然而於我而言，「世界系」的缺乏特定社會時代性，其實這正是極為具當代日本社會性的表現之一，也唯其生活浸淫於其中的鮮活創作人，才可以捕捉到內裏的時代氣息，而新海誠恰好是其中一人。換言之，「世界系」對新海誠來說，無論當事人喜歡與否，始終是認識他的根源起點所在。

「世界系」的光環與束縛

在日本語境中，一提起新海誠，十居其九會與「世界系」的話題扯上關係。簡言之，故事的設定會放在男、女主角身上，兩人中間的具體糾結往往會一筆掠過，然後跳接至世界末日又或是世界終結式的大問題上去。主人翁與世界關係予以直接連結，但其中的社會存在細節基本上會被無視忽略，而新海誠的《星之聲》、高橋真的《最終兵器彼女》（漫畫，二〇〇〇；動畫，二〇〇二）及秋山瑞人的《伊里野的天空、UFO的夏天》（二〇〇五）正是被稱為三大「世界系」的代表作。

前島賢在《何謂世界系？後福音戰士的御宅史》（東京Softbank，二〇一〇）指出《星之聲》的故事，基本上僅環繞長峰美加子及寺尾昇而發，兩個中學生情竇初開，但前者在畢業時便已登上機械人，肩負起宇宙探查的任務，為對抗達塔爾西斯人的威脅而成為聯合國宇宙軍的一員。動畫中最動人的情節，自然是膾炙人口的手機留言通訊，由於相隔以光年計，於是通訊的往還往往耗上數年，成為浪漫頌歌的關注點。新海誠曾自言一向不太看機械人動畫，甚至在製作途中才找回《機動戰士鋼彈》的設計師鷲尾直廣的畫作來參詳觀摩。

前島賢也指出《星之聲》本身的科幻元素及意識，其實十分薄弱，因此在日本動畫系譜中的文本互涉企圖也不明顯。《星之聲》中的高潮是二十四歲的昇與十五歲美加子的重疊場面，他們處於相距八年的時空，但影像上的並行對接，一方面予人並時的錯覺，但同時又呼應了思念可突破時空隔閡的主題。所以新海誠世界的正色，由始至終均是「二人的遠距離戀愛」，這一點一直貫徹不變。

新海誠接受高瀨司及前田久訪問時，進一步正面回應各界一直把「世界系」的帽子扣在他頭上的看法。他指出「世界系」的帽子，有時候同樣具備揶揄的傾向。如果把世界系理解為只描述自己身邊只有數米之遙的人際關係以及世界命運，而把中間的社會連繫掏空拔掉，那麼《雲之彼端，約定的地方》（二〇〇四）中去拯救世界，還是拯救患上嗜睡症的佐由理之選擇，中間把一切社會元素掏空的處理，的確可視為「世界系」的作品。他自言某程度可說是刻意採用「世界系」的元素，因為那根本就是青春期的標誌特徵。在青春期的年輕男女眼中，隔鄰鍾情的對象就是世界的全部。對於現今是甚麼內閣及在推行甚麼政治，根本全然不放在眼裡，而忽然之間就可以跳接到關心世界和平及宇宙生成的宏大問題上去。簡言之，就是近景和遠景會精準，但中景的卻模糊不清。所以如果作品真的具備「世界系」的元素，那不如說是因為作品針對青春期的觀眾，於是才採用的營構方法。

「美少女遊戲」的脈絡

而另一新海誠冒起時，於九〇年代後半期並行的流行風潮，就是美少女遊戲，對當年一眾屬「迷惘世代」（Lost Generation）男性御宅族來說，乃影響甚深的時代鉅變。

美少女遊戲中，把玩家的視點設定為男性，透過與登場的不同動畫風情的美少女角色，發生多線性的複調交往，從而產生虛擬的戀愛快感。而同時也催生以情色為主調的遊戲產品，於是逐漸衍生出以女主角為中心的角色傾向，又或是情色風格為中心的傾向差異來，成為〇〇時代重要的次文代成品之一。現今超暢銷的流行作家如西尾維新，便曾公言自己深受美少女遊戲的風格影響。而透過美少女遊戲的根源，再逐步朝輕小說以及動漫傑作出發的，還有如《Fate/stay night》（二〇〇四）奈須蘑菇、《暮蟬鳴泣時》（二〇〇二—二〇〇八）的龍騎士07、《魔法少女小圓》（二〇一一）的虛淵玄及《夏洛特》（二〇一五）的麻枝准等等，以上正是新海誠出道時的重要潛背景養份所在。

我在《Cue》上對新海誠的另一提問，正是：「你覺得自己與其他日本動畫導演比較，最大的優勢是甚麼？」導演的回答是：「由於我的出道作品為個人創作，這代表我參與過動畫製作全部的過程，這種經驗或許就是我的優勢吧。我並不是專業的動畫師也沒有相關背景，但是我知道很多作畫、美術、3D、CG和影像合成（的技巧）。」新海誠的回答中，其實指出一個關鍵訊息——他從來不被認為屬正統的動畫界中人！事實上，他大學畢業後就在遊戲製作公司Falcom工作，甚至最初的作品也是在情色遊戲品牌minori麾下發表的，所以他與由東映出身的「專業」動畫人背景如宮崎駿及細田守等，正好背負不可逾越的巨大鴻溝，有評論家甚至以日本動畫界的「鬼子」來形容新海誠，大抵正好指出他存在的陰影部分。

《你的名字》的演繹

好的，回到已成為日本社會重大事件、票房已超逾兩百億日元，而且入場人數打破七百萬人次的超話題作《你的名字》上。

渡邊大輔指出《你的名字》的建構上，正好不斷顯現出新海誠以上的兩大根源命脈元素。故事基本設定為居於東京的高中男生立花瀧，與居於深山鄉間的宮水三葉，出現了超越時空不斷與對方交換身體的情況。只要入睡時，就進入了對方的身體，醒來後便會喪失一切記憶，又回到自己的身體去。而記憶喪失，正是美少女遊戲中的一大主題。

在美少女遊戲中，透過主觀視點，可以看到有大量的複數美少女存在，而在分途並行的遊戲路徑過程中，可以有True End的戀愛成就結局，也可以有失敗的Bad End下場，但遊戲的關鍵精神在重置（Reset）身上，從而讓玩家可以重新再決定更新後的命運安排。

這種重置的設定，在情節建構上等同於開拓了可能世界的無限空間，令玩家可以推翻情節上的起伏，從而把一切重新來過。在《你的名字》中，當瀧及三葉彼此對另一方益發在意時，便插入了三葉身處的糸守町，原來在三年前便因隕石墜落的意外，令全村五百人以上無一倖免身亡，簡言之即瀧及三葉穿越的不僅是地域上的限界，而是超時空的出入，甚至來回於生死兩端。往後瀧希望透過進入三葉身軀時去修正歷史，正屬於典型美少女遊戲中，嘗試把Bad End轉化為True End的攻略程式。

更為甚者，從天而來的隕石災難，從而把不同時空以及空間環境截然不同的一對少年少女扯在一起，正好屬於「原點回歸」式的「世界系」構思，大家不難想起《星之聲》中的昇和美加子，因命運的決裂，從而需要去拯救「世界危機」更屬「世界系」的正色。而瀧的救村計劃，恰好說明了憑空而來，抹去社會細節的宏大任務構思，也令我們想起了新海誠根源的點點滴滴。

不過到頭來，我最想提出的觀察是，新海誠背後所流露的社會氣息，才是關鍵的核心所在。《你的名字》在日本狂熱受歡迎的現象，甚至有不少人看畢電影後，立即與心上人結婚，均反映出背後的一種集體補償，企圖修訂人生，以及面對不可預計的飛來橫禍時的心理訴求。由阪神大地震，到地下鐵沙林毒氣事件，乃至三一一東日本海嘯等，每一次均令日本人充分感受到人類的渺小無奈，也因此珍惜現在的現實性及修訂歷史的想像性，成為今時今日最能夠觸動人心的主旋律母題所在。

由《重版出來》去認識日本的漫畫業界

二〇一六年的春季日劇中，TBS的《重版出來》頗值一談。劇集的收視率不算高，但在媒體所掀起的話題層面甚廣，而且在港台的文化界也備受重視及談論。其中最明顯的因素，固然因為此乃從漫畫雜誌編輯視點出發的作品，簡言之即已包攬文化界中的出版業及漫畫業兩大範疇，當中提及的不少辛酸血淚，自然令人易生共鳴。此外，劇集所走的是漫畫中的熱血王道正宗路線，簡言之就是由始至終，當中都沒有一個壞人，以主角黑澤心為首的前柔道選手，成為新人漫畫編輯後便一直疾走前馳，把貫徹的熱血本色傾瀉出來。和上一次成為潮流話題以業界為中心的故事《爆漫王》相較，後者較為集中在漫畫家的角度上，對照起來業界中不少利益相關者的聲音，可說是沒有表達出來，而在《重版出來》中，顯然創作團隊刻意要讓各利益相關者有「發言」的機會——漫畫編輯（老手及菜鳥）、銷售部人員、漫畫家助手、漫畫家家人、書店前線職員乃至書店老闆等等，盡量可以從較立體的角度供大家去認識業界的面貌，然後再以人人均有熱血本質來統整包裝。

縱觀全劇，有不少有趣的角度，都值得我們切入去一談。

女性漫畫人的角度視野

《重版出來》的核心人物是黑澤心，她的設定不少人形容過分漫畫化，簡言之就好像從青春熱血運動類型中的漫畫，把主角扯入現實中化為人物，所以激情熱血至令人難以接受的地步。不過如果回到現實層面去思量，我認為講談社曾創辦的女性漫畫誌《BETH》（二〇〇六－二〇〇八），應該有直接的影響關係。《BETH》於二〇〇六年十一月創刊，作為《KISS》增刊誌出現，是因為講談社在社內舉行「新雜誌企劃獎」，由《BETH》得獎於是作出嘗試，雜誌的定位正是「為女子而設的漫畫╳文化誌」，而宣傳的口號焦點乃在「綺麗系宅女」漫畫誌，成立時以全女班打造，但其實編輯部不過僅三人而已。本身是雙月刊，最後在二〇〇八年一月第八期發行後便停刊作結。

之所以會特別提及《BETH》，其中一個原因與《重版出來》的漫畫作者松田奈緒子有關係。她其實是在集英社的《Chorus》出道的（即現在的《Cocohana》），但正如作者自己所言，因《BETH》創刊所致，因此成為了她首次「跳槽」（由集英社轉去講談社）的嘗試作。關於「跳槽」的經歷及心路起伏，在《重版出來》中亦以漫畫家高畑一寸被對手揭角的起伏來加以刻劃展示。在《BETH》連載的時代中，她既完成了自己的重要作品《一百年的話大家都會死》，而且出任木原敏江漫畫助手的經驗，也是《重版出來》中漫畫家三藏山龍為首的助手團隊的重要經驗參考憑依。至於《BETH》兩年就停刊的不幸，更可見到松田奈緒子適時地融入劇集中成為高潮之一：當交代資深編輯安田昇為何成為一切以銷量為重，事事不再上心的刻下現狀，便抽絲剝繭帶出以前在編輯部，曾經歷漫畫誌《FLOW》被中止停刊，從中既面對太太要求離婚，以及合作的漫畫家批評不負責任致使生計不保等等，可見影響打擊之鉅云云。以上都是透過此女性漫畫誌的起伏波瀾，可觸發及啟導作者的原點所在。至於女性編輯的視點，就更加一向被肯定及強調在韌力之上，以《KISS》的王牌漫畫家二之宮知子為例，她的責編也是女性的三河薰。後者接受訪問時，直言與漫畫家的關係比家人還親近，每次傾談上數小時的電話都屬常事，一旦有要事商討，更會一起住在家中徹夜詳談，現實上漫畫業界中的女性編輯的投入及付出能量，大抵只會較黑澤心過之而無不及。

電子化的未來

在《重版出來》中，把經典漫畫電子化被正面肯定，也成為重構漫畫家牛露田及女兒亞佑關係及人生的契機，當中既肯定所帶來的經濟效益，同時也認為因此可以接觸到更多群眾，讓經典漫畫可以真正有重生的機會。

事實上，日本漫畫的電子化，大約在二〇〇一年之後陸續推行及發展。據二〇〇五年的電子書籍市場調查顯示，二〇〇二年的市場值不過為十億日元左右，至二〇〇五年已飆升至四十五億，所以《重版出來》的正面期許也屬合理不過的安排。

而隨著配合電子書籍乃至漫畫作品的軟件日趨成熟（其中一集總編輯和田游說牛露田簽約時，正不斷強調電子化的效果已十分完善，可以給人在平板電腦有逐頁翻閱的「看書」感覺，希望可以讓上一代的人理解及接受此趨勢），各大漫畫出版社也加入戰場逐鹿廝殺，以小學館為例於二〇〇五年推出「COMICi」的收費下載程式，推出後旋即有過一千萬次的下載紀錄；至於免費下載的程式，更有二千萬次下載的驚人紀錄，可見業界的確對電子化的未來充滿憧憬。而在電子化的過程中，各社更特別留意到平板電腦用戶及手機用戶的差異，於是為後者再設計更貼身的程序。而數據上的反映，後者的電子化漫畫市場，以女性為主導，所以手機電子化漫畫方向，和以PC及平板電腦為據的，逐漸也有男女分眾的流向走勢，甚至有出版社積極為手機市場重構漫畫內容，以加入手機常用的顏文字又或是其他的熟悉符號，希望進一步鎖定用戶的習慣。

當然，《重版出來》所呈現的也不過是一時一刻的漫畫業界面貌，而且仍是以漫畫作為原作人為核心焦點處理。而事實上，今時今日的漫畫生產模式已更趨多變，好像不少連載漫畫已行編劇及作畫的分割處理模式，令效率及水準可以得到保證及提升。至於助手團隊，也不一定是單一漫畫家為本，因為單一漫畫家的毛病是一旦畫不出來，團隊便無法進行下一階段的工序，以致出現人力資源上的浪費。所以早已出現由一組漫畫家合聘一批助手的情況，既可確保人力資源得以善用，又可適應配合不同連載的出版日期，逐漸朝系統化的生產模式發展。

無論如何，能夠把出版業及漫畫業的一鱗半爪面貌，以淺白及生動的方法傳達給普羅觀眾，於我而言已屬功德無量的嘗試，讓大眾對追求夢想的創意工業多一點認識，絕對是有百利而無一害的舉措。

由少女漫畫到女子漫畫

日本一向是漫畫強國，而少女漫畫更一直是當中的核心構成元素，支持者為數甚眾。可是近年來在日本的語境中，少女漫畫的重要性，逐漸被新湧現的女子漫畫取而代之，儼然成為一股新興力量。以二十後半及三十代為主要讀者對象的雜誌《FRaU》，於二〇〇九及二〇一〇年的九月號，均推出了「喜歡女子漫畫停不了！」的特輯來報導風潮。二〇一一年初NHK以動漫及電玩為中心的節目《MAGnet》也推出「女子漫畫」特輯。而同年年末集英社更把以成年女性為中心的舊雜誌《Chorus》，一舉轉型為以女性漫畫為焦點的新刊《Cocohana》，可謂正式宣告了女子漫畫的皇朝確立。其中帶來的啟示，顯然為在處理女性導向的新漫畫作品中，少女背景再非最受歡迎的設定，反過來成年女子面對工作、家庭及感情的糾纏角力，才是現實社會中更受讀者歡迎以及產生共鳴的時代素材。

代際轉化

增田望在〈「少女漫畫」和「女子漫畫」——面向女性的漫畫中所刻劃的工作女性形象〉中，便清楚指出由《Chorus》化身為《Cocohana》，正式鎖定女子漫畫的江山。二〇一二年一月號創刊的《Cocohana》，以二十至三十代的女性讀者為對象，於創刊號中已一舉推出九個新連載的故事。當中如《砂與愛麗絲》的主角便是以發掘泥土下珍品的工作為生，而且年齡也設定在二十後半至三十前後。《今天不上班》的主角則是三十三歲從未有男朋友的女OL。而《梢之森》則是打算成為咖啡店主人的二十八歲女性。凡此種種，均可看到在女子漫畫的世界中，人物角色的設定都訂為成年女子，關心的不再是青蔥歲月的荳蔻年華問題。

事實上，從統計數字出發，大抵也可以留意到一些玄機。日本雜誌廣告協會、日本雜誌協會及日本ABC協會發表的《雜誌分類區分》（二〇一一年八月四日更新版），分析少女導向的漫畫雜誌，數量約為二十三；反過來女性導向的漫畫雜誌則有六十一，差別約有三倍之遙，可見時代風氣的逆轉。

而從少女漫畫自身的發展脈絡來看，也大抵可以看到開到荼靡不得不求變的趨勢。少女漫畫由七〇年代開始，由成長期進入黃金期，巔峰時期甚至有「二十四年組」的冠冕。所謂「二十四年組」，有時候又名為「花之二十四年組」，乃指於昭和二十四年（一九四九）前後出生，而於七〇年代湧現，成為革新日本少女漫畫風格的一群女性漫畫家，她們甚至影響一眾後輩，故亦有「後二十四年組」的名目。前者有青池保子、荻尾望都、竹宮惠子、大島弓子及木原敏江等人；後者更有水樹和佳、坂田靖子、佐藤史氏及花郁悠紀子等人。她們自七〇年代開始，於筆下的少女漫畫開始引入ＳＦ、幻想及同性戀等新鮮元素，加上複雜化的畫面構成變革，顛覆了過去少女漫畫界的潛規則及定見，而她們有如後來被稱為「漫畫聖地」的當年「常盤莊」那群年輕漫畫家，在東京的「白泉公寓」也聚集在一起討論少女漫畫界的未來，形成著名的「大泉沙龍」，「花之二十四年組」正式定位成立。

當然，凡事都有盛衰，隨著「花之二十四年組」稱霸了數十年，自然也會陷入窘境。大塚英志便直指少女漫畫界陷入「內部發現及喪失」的梗式泥沼，他認為過去數十年少女漫畫不斷描述以上的主題，漫畫中的語言使用甚至描寫方法都趨向定型化，再沒有任何可以翻出來的新意。事實上，「花之二十四年組」中的核心人物如竹宮惠子及荻尾望都的走向，均開始超越少女漫畫的疆界，加上大量的ＳＦ元素，如後者的《百億晝千億夜》更在《少年CHAMPION》上連載，明顯是把對象由少女轉移至少男讀者身上。所以由少女漫畫過渡至女子漫畫，大抵也有不得不如此的客觀條件在背後左右。

女子漫畫力

相對而言，女子漫畫的吸引力，當然與時代意義息息相關。概略而言，女子漫畫的特徵是戀愛與工作、結婚和產子等不同人生契機轉化的關鍵直視刻劃，從而流露出面對人生困擾的迷惘，最終成就出果敢決斷的女主角「英雌」形象。

據增田望的分析，女子漫畫的關鍵詞是「工作女性」又或是「事業女性」，社會上的客觀環境固然是因為一九八六年通過了「兩性工作平等法」，於是令八〇年代後半至九〇年代這十年間，大量的Yonng Ladies雜誌抬頭，而針對於一般企業的ＯＬ而設定為主角的「職場漫畫」也開始盛行。增田望把「工作女性」的漫畫分成三大類，一是「專門職系」類，也即是以某一特定職業為刻劃背景重心的女性漫畫，如護士、研修醫生、百貨公司售貨員及陪酒女郎等，透過上述行業的從業員為主角的設定，展示業界獨特的文化及習尚，令人看得趣味盎然。二是「Career及ＯＬ系」類，指以一般企業中工作的ＯＬ為主角，主要描繪她們戀愛與工作，又或是迷惘於個人獨立自主的生活方式抉擇等的身分認同危機苦惱，Yonng

Ladies雜誌中最多這一類型的漫畫刊載，因為相對而言對女性讀者來說最有共鳴。三是「療癒系又或是笑話系」類，通常以四格漫畫形式出現，往往把一些扭曲了的ＯＬ日常形態，以誇張求一笑又或是體諒撫慰的人情角度不同角度切入，從而讓讀者可以從繁重的現實生活得到喘息休息的空間。

以上所言正是整體趨勢的交代，限於篇幅未能進一步就女子漫畫的一些代表作來做進一步的文本說明及分析，現在的女子漫畫前線漫畫家有岡崎真理、槙村怜及安野夢洋子等人，有興趣的讀者可以多加留意。

借古言今的《輝耀姬物語》

吉卜力兩大巨頭於二〇一三年的新作，對我來說屬於層次截然不同的作品來，對宮崎駿《風起》之不認同，早已曾撰文分析，在此不再交代。反而高畑勳的《輝耀姬物語》，更值得我們進一步細察審視下去。

《竹取物語》的源頭思考

《輝耀姬物語》源自《竹取物語》的本事，所以要分析也一定要先回到源頭審視。有趣的是，高畑勳原來並非《竹取物語》的粉絲，他甚至認為原著中有很多令人不明就理的地方。導演回憶以前無論看多少篇也不能理解，為何輝耀姬在回歸月亮之際，拜別養父母之時便嚎哭起來，因為一直以來的描寫，均看不出輝耀姬身上流露濃烈的人性感情來。此外，針對五名貴公子所提出的難題，看起來當然有一定的喜劇效果，但與由竹而生而要回歸登月的寓言相配，本質上就好像水與油的結合，所以高畑勳對《竹取物語》的本事可謂有一定的保留。

而高畑勳則指出，他認為「輝耀姬物語」的本質應在日本平安時代末期的民間故事集《今昔物語》中，當中的「輝耀姬物語」版本與《竹取物語》有所出入。《今昔物語》中從竹誕生的女子並無名字，而她向三名貴公子提出難題後的情節也不同。三人都看到竹女的美貌，後來天皇聽到事情，便對竹女說妳這樣做等於攻擊我。竹女沒有理會天皇想法，就此乾脆地登月而去，故事也戛然而止。高畑勳認為此版本突出世上想像不來的美好事物，從來都是世人的共同憧憬，但無論如何都不可到手。即使想出手，美好事物便會猝然而去。所以當中已清楚明示了美的存在及美本來所抱持的特性，這正是導演認定的《輝耀姬物語》本質來。

現代人的故事

過去《輝耀姬物語》的本事早曾數次搬入銀幕，但日本資深的電影評論家佐藤忠男卻認為無一屬佳作，就以一九八七年由市川崑執導的《竹取物語》為例，神話故事淪為特技攝影製作，連輝耀姬也變成從月球乘坐UFO而來的使者，可謂完全不值一哂。而《輝耀姬物語》

監製西村義明便直指，從計劃開始時便鎖定動畫的焦點在當中的現代性上。簡言之，物語的背景在平安時代，但一切不過是借平安時代的風俗背景來育成現代女性的成長心曲。焦點在來自月球且對地球一無所知的輝耀姬，抵達後由山林到宮殿，逐步體驗了人世的七情六欲及百般滋味，由普通人也搖身一變成為貴族，以上縱深遼闊的橫越幅度，正是現代人所認知的豐富世相，故此理應不分男女均可從而得到共鳴。而佐藤忠男更進一步言說，鎖定輝耀姬所反映的現代女性心態，呈現在自由奔放的追求特質上，簡言之與其在月球被迫享受「強制式的快樂」，倒不如來人間體驗起伏不定的人性感情云云。

高畑勳的表裏角力

是的，佐藤忠男的分析，也是高畑勳的自我解說之詞。動畫中以佛陀及仙女的模樣，來把月球來客加以形象化，正好反映出他對佛教出世意念的回應企圖。事實上，高畑勳也坦言對輝耀姬的深切閱讀體會，正是從思考地球與月球的差異引申去來。後者當然屬一清淨無垢且擺脱任何苦惱的樂土，但也全然沒有任何豐饒多彩的生命，相對充滿花鳥魚蟲及喜怒哀樂的地球，輝耀姬一旦有所感受又怎會再願意返回月球去。

面對高畑勲以這樣人間性的理解，來處理佛教出世入世理念的「輝耀姬物語」現代詮釋，我想指出文本內的輝耀姬心理刻劃，絕非如導演所言的單純清晰。事實上，向月球求救，正是在於天皇輕薄輝耀姬之後，而文本也強調「回月」是她反覆向上天默禱後的結果。我指出這一點，並非旨在想說明導演有任何表裏不一之處，而且恰好想點明這才是更有趣的地方。我眼中的《輝耀姬物語》，的確是一個現代人的物語，但絕非如佐藤忠男所言的現代女性對自由奔放的追求，或是高畑勲指出凡塵的多姿較超脱的樂土更吸引的層次，而是其中由衷道出現代人心中的複雜矛盾性。輝耀姬作為動畫中的神性人物，在文本中一而再展示對能力的眷戀，化成幻影逃避天皇的輕薄乃至向月宮求救，正好反映人心對特權及神力／魔力的依賴心理。假若《輝耀姬物語》真的如高畑勲所言，是一個透過輝耀姬的刻劃，來揭示對人間性的全面擁抱，則她理應要拋棄天上特權徹底決定成為凡人。可是動畫中正好流露出她按捺不住向月宮救助的「本性」，這正是現代人最關鍵的矛盾心曲。如果我們把輝耀姬的神力，理解成現實中某人所具備的特權關係，而怎樣去抗拒特權的誘惑，好好地順應取向去體會人性的起伏波折，大抵才是更精準的問題所在。又或者，當中所謂的自由奔放追求，其實也不過是有時間、程度及條件限制的美言修飾？

所以高畑勲的自我説明，其實在分析上也不過僅起參考作用，現代文論早已強調「意圖謬誤」之說，簡言之就是創作人對自身作品的理解，其實並非必然的決定性解讀地位。作品一完成且公開後，便成為大眾的共同財產，彼此都可以因應文本內容去作出不同角度的解讀。當然，我以上的分析，可以說是點明了高畑勳的「意圖謬誤」複雜性——一方面他的確是把《輝耀姬物語》塑造成帶出現代人心曲的新版，但內容卻絕非他口中提及的宗教性出世入世對立之表面層次，而是更深層對權力欲望及自由意次的矛盾掙扎。

而此，才是《輝耀姬物語》更深層及耐看的精彩之處。

動漫改編成真人電影的黃金年代

有留意日本電影業的讀者，大概不難發現近年的日本電影，由動漫改編而成的比例可謂與日俱增，而且大部分的動漫改編作，往往更是年度焦點所在，而它們的叫座力通常更能超越本土市場的限制，達至國際層面的發行水平。以香港為例，近年能夠發行上映的日本電影，正好不少均是由動漫改編而成，例如《GANTZ殺戮都市》二部曲（二〇一一）、《深夜食堂》（二〇一五）、《寄生獸》上下集（二〇一四及二〇一五）、《海街日記》（二〇一五）、《進擊的巨人》（二〇一五）及《爆漫王》（二〇一五）等，由此可見影響力之一斑。

回溯改編基礎

回頭說來，日本把動漫作品，改編為真人電影可謂由來已久。金澤誠在〈漫畫原作的日本映畫小史〉中，曾指出歷史上首齣動漫改編的真人作，是把一九三七年朝日新聞上連載漫畫《江戶之子阿健》改編的真人作，主角由榎本健一飾演。可是渡邊大輔也曾提出異議，認為早於大正末期的一九二五年，已有人把麻生豐的暢銷漫畫改編成真人電影。不過對我們來說，因為並非日本電影歷史的研究者，反過來最重要的關心要點，在於為何〇〇年代以後，日本電影的動漫改編作會大幅飆升？

當中有好幾個因素值得我們細察，首先是〇〇年代以後，日本電影的製作模式可謂進入了新階段，由過去一直被電影公司作主導（即東寶、松竹、東映及日活等），改而為以「製作委員會」模式出發的合資製作階段。簡言之，策劃主動權再不會被動地受制於電影公司。尤其是擁有暢銷動漫作版權的出版社，他們擁有影像的改編權，於是自然可以主導先機，以肥水不落外人田的態度，積極籌備電影版本的生成。

另外，也因為電腦合成影像的進步，過去在動漫中有很多超現實的場面設計，本來根本不可能予以具體影像化，但技術的改革令不可能出現的畫面，逐一誕生在觀眾眼前。上文提及的《GANTZ殺戮都市》二部曲、《寄生獸》上下集及《進擊的巨人》等，都可屬此類型下的佼佼者。

最後，隨著世代趣味及價值觀的紛陳多樣化，對創作方而言，要捕捉受眾口味的難度與日俱增。可是電影的投資龐大，容許試謬的空間不大，簡言之一旦對市場反應的預計出現誤判，隨時會出現損失慘重的投資失利情況。有見及此，已經有市場基礎的暢銷動漫原作，便成為大家擁抱的靈丹妙藥，因為文本已有一定的粉絲基礎，只要在此根基下再加入更廣受不同階層歡迎的元素，自然有較大的成功機會。正如上文所言，因為動漫作早已在海外擁有大量粉絲，因而也讓這些作品的海外發行機會大增，同樣收減低風險之效。

〇〇年代開啟的黃金時代

或許我們稍作極速的回顧，就可以喚回大家沉睡的記憶，醒覺到動漫改編為真人電影的重大影響力。二〇〇二年由曾利文彥導演《乒乓》（松本大洋原著），幾已被公映為此範疇的奠基代表作，因為窪塚洋介模仿動畫主人翁的造型，再加上CG合成出來令人耳目一新的乒乓對決場面，讓大家明白漫畫轉化為真人絕非不可能的任務，而且反應也超乎預期地理想。

其後由羽住英一郎導演的《海猿》（小森陽一原案，佐藤秀峰）系列，更由二〇〇四年開始，至二〇一二年為止共推出四齣電影版，證明了動漫改編的真人作，早已可以成為暢銷的長期保證。其後大同小異的例子接踵而來，山崎貴導演的《Always幸福的三丁目》（西岸良平原作），由二〇〇五至二〇一二年也推出了三齣電影版。有部分當紅作品，更有不同導演的版本出現，最著名的例子自然屬大場鶇及小畑健原著的《死亡筆記本》。漫畫先有金子修介導演且大受歡迎的《死亡筆記本》（二〇〇六）及《死亡筆記本——THE LAST GAME》（二〇〇六），後來到了二〇〇八年再由《七夜怪談》的名導中田修夫再改編為《L CHANGE THE WORLD》，可見動漫原作的剩餘及再生價值有多大潛力。

二〇一五年的當前處境

回到眼前剛過去的二〇一五年，我想指出動畫改編為真人電影的大盛風氣，也正如任何現象一旦蔚然成風後，也必然出現正反兩面的發展路向。剛才提及因CG的進步，讓超現實的動漫作可以呈現在觀眾眼前，但同樣可以成為敗筆的關鍵所在。以《進擊的巨人》為例，這本萬眾期待的漫畫所改編的真人電影版，恰好成為備受批評的眾矢之的。

我認為最主要原因取決於背景世界的構成——是的，電腦特效在今時今日已接近到無所不能的地步，但一旦仔細看下去，要解決電腦合成影像與真人配合之間的問題，仍未一蹴而就可至。簡言之，《寄生獸》及《GANTZ殺戮都市》兩者雖然有大量的奇思異想，但發生的空間大體上在日常環境中，所以星際異物的電腦特效，只需融入在具體現實背景支持的影像中。反過來說，《進擊的巨人》的空想世界極其宏大，如當中的場景「主角」——巨大城牆本身正是不得不以全電腦特效建構，而人物反過來只能「黏貼」在虛構的電腦背景上，於是所有正常的景深可謂蕩然無存。最明顯的例子是艾連（三浦春馬飾）、米卡莎（水原希子飾）及阿爾敏（本鄉奏多飾）一起去城牆探險一幕，人物角色身處的前景與電腦特效畫出來的城牆後景，完全以「平面黏貼」方式「合成」，令人一看便不禁啞然失笑。

但從另一方面而言，也因為動漫改編已大行其道，因此一些本來不為人注目的優秀小品，在睿智的導演眼中，同樣得到改編的機會，令觀眾可以欣賞到出色的小本作。是枝裕和執導的《海街日記》（吉田秋生原著）正是這方面的出色作，原著漫畫本來僅屬不太多人留意的小品，但在導演的點化作，一舉而成為矚目的文藝傑作。是枝裕和一向對「棄子」故事情有獨鍾，他借《海街日記》的「棄兒」情境設定，去探討「棄兒」社會的自救／他救可能性。電影中的四姊妹故事，表面上的「棄兒」是淺野鈴（廣瀨鈴），但不要忘記其實三姐妹幸（綾瀨遙）、佳乃（長澤雅美）及千佳（夏帆）本質上同屬「棄兒」，甚至嚴格來說，她們乃「雙失棄兒」——先有父親因外遇而出走，後來連母親佐佐木都（大竹忍）也棄她們而去，致使彼此多年不見，音訊斷絕。導演希望透過《海街日記》的故事，令觀眾感受到同生共融的康復力，以及探討處理「棄兒」的自省問題。是枝裕和的用意清晰不過，忠於自己的本心才是對「棄兒」的最大挑戰。過去導演把「棄兒」故事的焦點，置於如何去解決及面對外在的困難挑戰，但如果一切都安然度過，那麼剩下來的最大敵人就是自己——明白自己來去的抉擇。

所以於我而言，黃金年代乃外在的機遇，有危也自然有機存在，僅視乎不同的創作人如何把握契機，去成就自己的事業高峰。

後記：失落共同體

二〇一七年十一月一日，安倍晉三第四次就任首相，表面上成績斐然，追平了伊藤博文的紀錄，還差一次就可以挑戰吉田茂的五任內閣。再加上他可以執政至二〇二一年，如無意外發生，就任的在職日期，甚有機會打破史上紀錄——由桂太郎保持的兩千八百八十六日（目前為兩千一百三十八日），成為日本的政壇第一人。

再看一些數字，在年輕族群世代的投票支持率上，安倍政權有高達五成的比率。再加上二〇一七年厚生勞動省最新的「勞動經濟分析」，全年齡層的失業率都有下降的傾向，其中以十五至二十四歲的失業減幅率最大。同時，大學生的「就職內定率」也創下一九九七年的高峰，去到97％以上的水平。當然，在最近賦權予安倍四任首相的眾議院議員總選舉中，總投票率也不過為53％左右，說不上是滿意的數字，但考慮到近年投票率持續低迷，以及投票日當天（十月二十二日）日本受颱風侵襲等因素，相信已經可以接受，而且亦較上一次的投票率微升了一個百分比。

是的，中間偏右的自民黨，經濟上增加保護主義的成分，外交上又建構強硬形象，得到選民的支持自然不難理解。而美國的川普不過為極端強化版而已，且一旦仔細察照，即使滿口世界公民乃至人權至上的投票者，面對關乎切身個人利益攸關的抉擇時，表裏不一的投票取向也非甚麼稀奇之事。人權要高呼，但個人利益也不要受損，其實才是一般人內心的本音。

但我想說的，卻非以上的「矛盾」現象，而是即使考慮計算了複雜的現實利益牽連後，得出來的結果——安倍第四次就任首相，民間氣氛好像也沒有人會高興起來。大家甚至不會為自己的利益先行投票策略成功而感到興奮，反過來予人印象是——算了吧！不要比現在更不濟就好了，眼前一切重於願景，維穩大概早已成為一種集體潛意識。政權交替的老調不要再胡說八道，放眼亞洲，大家應可心裏有數。

政治首相劇的曲筆

既然要說民間氣氛，那麼流行文化的成品，大抵才是最為貼近人心的現實映照。我也忘了不知從何時開始，政治劇好像已成為了日劇的常規類型，近年幾乎去到每季必備的地步。

一旦回溯日本的政治首相劇，不難發現基本上都是一種集體潛意識的投影。經典作《別叫我總理》一九九七年播放時的首相是橋本龍太郎，編劇三谷幸喜當時就是針對政治家貪污成風的問題大做文章，以田村正和作為因太無能而「淪為」清廉一族，於是得以上台執政的總理，從而構成一齣叫人不斷捧腹大笑的黑色喜劇。不過現實景況卻不一定令人可展歡顏，橋本龍太郎在位時，除了著名的率眾參拜靖國神社外，其實同樣不能免俗地牽涉政治獻金的醜聞，後來退出日本政壇時也世襲地把權力傳承予次子橋本岳，簡言之是所有政治人物的世俗定見陋習，都可從他身上找到對應例子。

至於最煞有介事去回應日本首相議題的，相信大家必然可舉出由木村拓哉主演的《CHANGE》，當年的首相是存在感極為稀薄的福田康夫。二〇〇八年五月播放的時候，福田內閣的民調支持度不足兩成，而不支持率則高達六成，成為他上任後的新低點。而《CHANGE》中由木村飾演的小學教師，一躍而成為首相的超凡想像，當然正是民眾改革心聲的明顯寫照。

如果僅把在位期間的首相鎖定在安倍晉三身上，我們都可以看出不同的寄託來。二〇一五年七月的《人民之王》雖然是政治喜劇，但透過由遠藤憲一飾演的首相，與大學生兒子菅田將暉交換了身體的超現實設定，背後最終不過想強調世代了解溝通的迫切性。事實上，遠藤憲一所代表的在上位者，與民眾尤其是年輕人的世代隔閡，一旦未能適切處理，顯然出現的問題就不是劇中的幽默嬉鬧場面那麼簡單，只不過編劇再次以糖衣包裝微言大義而已。

相對而言，二〇一六年七月播放的《首相閣下的料理人》，大抵是對首相形象作出最正面刻劃的一劇。由小日向文世飾演的首相，是一位內斂深藏的人，為了向交接對象傳達委婉心意，於是復用了由剛力彩芽出演的官邸料理人一職，透過料理來協助外交與內政上的事務，是一種對柔性政治的期許表達。事實上，此時正是安倍晉三第三次出任首相之時，他由最初的剛強形象及路線，已轉為進入柔性協調的階段，先後與習近平及李克強等中國領導人作短暫會面，同時又重啟中日韓領導人會議，在在說明進入修復及維穩時期的取向。

只不過流行文化中，其實一直沒有對政治人物的負面形象改觀。最近二〇一七年十月的日劇《民眾之敵》，由篠原涼子飾演的家庭主婦成為市議員為故事設定，當中有明顯影射東京都知事小池百合子與前都議員內田茂鬥爭的情節在內，同時也有由政治素人出來為低下階層發聲的期盼。換言之，大家對高高在上的政治人物絕對不看好，只不過今次增加了由高橋一生飾演政治家次世代的角度，用來勾勒階級世代溝通乃至合作的可能性來。

我們的共同失落

作了簡略的概括整理後，我想指出的是連流行文化的想像力，也同時自我設限。除了以喜劇方式加以包裝外，好讓大家有迴旋逃避的空間，更重要的是彼此也明白到不過是空想一場的玩意，即使野心勃勃的《CHANGE》，木村的素人首相，也是內閣官房長官的傀儡，意欲在支持度提升後迫令下台，再由自己登場上任。而近年的政治劇，也逐一把範疇收窄，務求在狹小的板塊中見小效微利（《民眾之敵》更去到市議會的層次），大家便心滿意足。

此所以回應上文的交代，我們已進入維穩年代，政治的民心想像就是不作宏遠的想像，過去漂亮的口號及願景，早已在現實中一一戳破。剩下來的虛無，大抵是不去投票的無奈失落，又或是即使投票如願後也歡喜不來的失落。

那不是我們與日本民眾所共同面對的失落嗎？

書目索引（按作者筆畫）

★書／漫畫

川上弘美
《老師的提包》，麥田，2002。

三浦展
《下流社會：新社會階級的出現》，高寶，2006。
《超獨居時代的潛商機：一人化社會的消費趨勢報告》，天下文化，2014。

三浦紫苑
《你是北極星》，漫遊者文化，2014。
《真幌站前多田便利屋》，台灣東販，2014。
《真幌站前番外地》，台灣東販，2015。
《真幌站前狂騷曲》，台灣東販，2015。

上野千鶴子
《一個人的老後：隨心所欲，享受單身熟齡生活》，時報，2009。

大場鶇（原作），小畑健（作畫）
《爆漫王》，東立，2008。

中野獨人
《電車男》，皇冠，2005。

吉田修一
《公園生活》，麥田，2008。

吉本隆明
《不老──新世紀銀髮生活智慧》，遠流，2005。

君塚良一（導演）
《誰都不保護》，2009。

岡田斗司夫
《阿宅，你已經死了！》，時報，2009。

空知英秋
《銀魂》，東立，2005。

東野圭吾
《紅色手指》，獨步文化，2011。
《麒麟之翼》，獨步文化，2012。

前川剛
《鐵拳小子》，東立，2008。

秋山瑞人
《伊里野的天空、UFO 的夏天》，台灣角川，2005。

柄谷行人
《倫理 21》，心靈工坊，2011。

高橋真
《最終兵器少女》，尖端，2000。

荻尾望都
《百億晝千億夜》，尖端，1994。

藤村真理
《今天不上班》，東立，2014。

★影片／動畫

三木孝浩（導演）
《永遠不回頭》，2014。DVD：又水，2015。

三木康一郎 、今泉力哉 、 渡部亮平、日向朝子（導演）
《東京傷情故事》，2014。

小津安二郎（導演）
《麥秋》，1951。DVD：龍騰，2005。

大根仁（導演）
《爆漫王》，2015。DVD：天馬行空，2016。

山崎貴（導演）
《寄生獸》，2014。DVD：Welcome Music，2015。
《Always 幸福的三丁目》，2005。DVD：2007。

中田秀夫（導演）
《七夜怪談》，1998。DVD：Welcome Music，2015。

中島哲也（導演）
《告白》，2010。DVD：迪昇數位影視，2011。

田村直己、小松隆志、藤田明二（導演）
《職場新女王》，2015。

吉田大八（導演）
《紙之月》，2014。DVD：采昌，2015。

羽住英一郎（導演）
《海猿》，2004。DVD：台聖，2012。

佐藤信介（導演）
《GANTZ 殺戮都市》二部曲，2011。

金子修介（導演）
《死亡筆記本》，2006。DVD：聯成，2007。

岩井俊二（導演）
《被遺忘的新娘》，2016。DVD：華文創，2016。

河毛俊作、西浦正記、石井祐介（導演）
《營業部長　吉良奈津子》，2016。

武正晴（導演）
《百元之戀》，2014。

松岡錠司（導演）
《深夜食堂》，2015。DVD：台聖，2015。

武藤將吾（導演）
《天才怪盜山貓》，2016。

是枝裕和（導演）
《無人知曉的夏日清晨》，2004。DVD：台聖，2005。
《Going My Home》，2012。
《奇蹟》，2011。DVD：台聖，2012。
《我的意外爸爸》，2013。DVD：迪昇數位影視，2014。
《海街日記》，2015。
《比海還深》，2016。DVD：Welcome Music，2016。

南雲聖一、鈴木勇馬（導演）
《學校的階梯》，2015。

高畑勳（導演）
《輝耀姬物語》，2013。DVD：得利影視，2015。

宮崎駿（導演）
《風起》，2013。DVD：博偉，2014。

宮藤官九郎（編劇）
《池袋西口公園》，2000。
《GO ！大暴走》，2001。DVD：昇龍數位，2008。
《木更津貓眼》，2002。DVD：昇龍數位，2010。
《乒乓》，2002。
《曼哈頓愛情故事》，2003。
《我的老婆是男人》，2003。
《69》，2004。
《深夜裏的彌次先生及喜多先生》，2005。
《舞妓哈哈哈》，2007。DVD：台聖，2008。
《流星之絆》，2008。
《少年手指虎》，2009。DVD：聯成，2009。
《小海女》，2013。
《謝罪大王》，2013。DVD：廣智，2014。
《中學生圓山》，2013。DVD：飛擎，2014。
《寬鬆世代又怎樣？》，2016。

野木亞紀子（編劇）
《月薪嬌妻》，2016。
《掟上今日子的備忘錄》，2015。
《重版出來》，2016。

豬股隆一、佐久間紀佳、山田信義（導演）
《房仲女王》，2016。

麻枝准（編劇）
《夏洛特》，2015。

野島伸司（編劇）
《聖者的行進》，1998。

庵野秀明（導演）
《新世紀福音戰士》，1995。DVD：銘成，2005。
《正宗哥吉拉》，2016。

游川和彥（編劇）
《麻辣教師 GTO》，1998。
《魔女的條件》，1999。
《甘蔗田之歌》，2003。
《女王的教室》，2005。
《廣島昭和 20 年 8 月 6 日》，2005。
《家政婦女王》，2011。
《偽裝夫婦》，2015。
《〇〇妻》，2015。
《偽裝夫婦》，2015。
《戀妻家宮本》，預計 2017 上映。

朝原雄三（導演）
《武士的菜單》，2013。DVD：迪昇數位影視，2014。

虛淵玄（編劇）
《魔法少女小圓》，2011。BD：富康，2012。

黑澤清（導演）
《Do-re-mi-fa 女郎漫遊仙境》，1985。
《他來自地獄》，1991。
《為所欲為 !!》，1995。
《門・第三部》，1996。
《復仇：命運的訪問者》，1997。
《X 物語》，1997。DVD：得利影視，2003。
《蛇之道》，1997。
《人間合格》，1998。

《荒涼幻境》，1999。
《神木》，1999。DVD：得利影視，2009。
《降靈》，2000。
《回路》，2001。
《贖罪》，2012。DVD：台聖，2013。

新海誠（導演）
《星之聲》，2002。DVD：普威爾，2003。
《雲之彼端，約定的地方》，2004。DVD：普威爾，2013。
《秒速 5 公分》，2007。DVD&BD：普威爾，2008。
《追逐繁星的孩子》，2011。DVD：悅鈞，2012。
《言葉之庭》，2013。BD：悅鈞，2013。
《你的名字》，2016。

綠川幸（原作）
《夏目友人帳》，2008。DVD：木棉花，2012。

樋口真嗣（導演）
《進擊的巨人》，2015。

德田永一（編劇）
《偵探中的偵探》，2015。

齋藤光正（導演）
《前程錦繡》，1975。
《新・前程錦繡》，1999。

★ 遊戲

奈須蘑菇（劇本）
《Fate/stay night》，2004。

龍騎士 07（劇本、原畫、監製）
《暮蟬鳴泣時》，2002。

國家圖書館出版品預行編目（CIP）資料

失落日本 / 湯禎兆著 . -- 初版 . -- 臺北市 : 奇異果文創 , 2017.12
228 面 ; 14.8×21 公分 . --（緣社會 ; 13）
ISBN 978-986-95387-3-2（平裝）

1. 流行文化 2. 文化研究 3. 日本

731.3　　106022932

緣社會
013

失（8EB8）
落（978E）
日（93FA）
本（967B）

作　　者　湯禎兆

美術設計　蘇品銓

總 編 輯　廖之韻
創意總監　劉定綱
責任編輯　周愛華

法律顧問　林傳哲律師　昱昌律師事務所

出　　版　奇異果文創事業有限公司
地　　址　臺北市大安區羅斯福路三段 193 號 7 樓
電　　話　(02) 23684068
傳　　真　(02) 23685303
網　　址　https://www.facebook.com/kiwifruitstudio
電子信箱　yun2305@ms61.hinet.net

總 經 銷　紅螞蟻圖書有限公司
地　　址　臺北市內湖區舊宗路二段 121 巷 19 號
電　　話　(02) 27953656
傳　　真　(02) 27954100
網　　址　http://www.e-redant.com

印　　刷　永光彩色印刷股份有限公司
地　　址　新北市中和區建三路 9 號
電　　話　(02) 22237072

初　　版　2017 年 12 月 15 日
I S B N　978-986-95387-3-2
定　　價　新臺幣 320 元